Escapade *au MAROC*

MICHELIN

Rédacteur principal : James Keeble

SOURCE DES PHOTOGRAPHIES

Photographies fournies par The Travel Library, sauf mention contraire : A Birkett 22, 92 ; Stuart Black 7, 8, 11, 13, 14, 17, 18 (gauche), 40, 42, 46, 51, 52, 54, 56 (bas), 63, 66, 69, 72, 76, 81, 96, 99, 100, 105, 114 ; Stephanie Colasanti page de titre, 102, 108 ; James Davis Travel Photography 26, 28, 30, 31, 41, 44 ; Lee Frost 78, 80, 88, 91 ; John R Jones quatrième de couverture, 4, 56 (haut), 68, 75, 83, 106 ; Darren Lewey 79 ; Guy Marks 111 ; M Simon Matthews 35 ; Christine Osborne première de couverture, 21, 24, 38, 39, 59, 60, 65, 87 ; Grant Pritchard 18 (droite), 32, 37, 71, 103, 113, 121, 123 ; Simon Reddy 67 ; R Richardson 45, 48 ; Ian Robinson 74 (médaillon et photo principale), 94, 116, 119 ; David Rose 124.
Autres photos : Nature Photographers WS Paton 61 ; Roger Tidman 84.

Première de couverture : minaret de la Koutoubia, Marrakech ; quatrième de couverture : dunes de l'Erg Chebbi ; page de titre : souk des teinturiers, Marrakech.

Bien que tous les efforts soient déployés pour que les informations contenues dans ce guide soient aussi précises et à jour que possible, certains détails changent constamment. Les éditeurs ne peuvent endosser la responsabilité des conséquences qui résulteraient d'erreurs, d'omissions ou de changements dans les renseignements fournis.

MANUFACTURE FRANÇAISE DES PNEUMATIQUES MICHELIN
Société en commandite par actions au capital de 2 000 000 000 de francs
Place des Carmes-Déchaux - 63 Clermont-Ferrand (France)
R.C.S. Clermont-Fd 855 200 507
© Michelin et Cie. Propriétaires-Éditeurs 1997
Dépôt légal Mai 97 - ISBN 2-06-656401-X - ISSN en cours

Imprimé en Espagne / U.E. 04-97

SOMMAIRE

INTRODUCTION

Terre d'une extraordinaire diversité, pays d'histoire et d'épopées, le Maroc éveille la curiosité et inspire ses visiteurs. Situé à l'extrémité Nord du vaste continent africain, il n'est qu'à 14 km de distance de l'Europe au détroit de

A Merzouga, les dunes imposantes de l'Erg Chebbi offrent un spectacle particulièrement saisissant au lever du soleil.

Gibraltar. La chaleur de son hospitalité, la beauté de ses paysages gorgés de soleil et son mystère persistant ont bâti sa réputation.

Ce territoire immense est riche en contrastes. A l'Ouest, les vagues de l'océan Atlantique viennent se briser le long d'une côte interminable ; au Nord, les eaux tièdes de la Méditerranée viennent caresser ses rivages. A l'intérieur, le randonneur découvrira sur les hauteurs des chaînes montagneuses des points de vue fantastiques. Il goûtera la solitude surnaturelle des grands espaces désertiques. Il verra alterner plateaux, plaines fertiles, gorges spectaculaires entaillant les montagnes, zones arides interrompues par les touches verdoyantes des oasis.

Comme si la variété de ses paysages ne suffisait pas, le Maroc est riche de tout un éventail de cultures, de peuples, et de styles architecturaux. Ici, la culture raffinée du monde arabe s'allie à la beauté brute de l'Afrique. Le Maroc abrite des villes extraordinaires, où architecture impériale et souks médiévaux donnent un aperçu de traditions qui n'ont guère changé en plusieurs millénaires. Les grandes médersas et grandes mosquées font revivre aux yeux du visiteur la splendeur des royaumes berbères musulmans. En même temps, le roi Hassan II s'apprête à conduire son peuple au seuil du prochain millénaire, et les nouveaux quartiers d'affaires de Casablanca et de Rabat soulignent les perspectives qui s'offrent aujourd'hui au royaume.

Mais en dépit de ces ambitions, et du développement croissant du tourisme de masse, le Maroc surprendra toujours. Mêlant de manière éternellement changeante l'ancien et le nouveau, l'Afrique et l'Arabie, le pays saura à coup sûr charmer et intriguer ceux qui en exploreront la richesse et la variété.

GÉOGRAPHIE

Depuis que le grand guerrier arabe Oqba ibn Nafi a mené son cheval blanc jusque dans les vagues de l'Atlantique, revendiquant ce territoire au nom d'Allah, on connaît le Maroc sous le nom de Maghreb-el-Aksa, « le pays le plus loin vers l'Ouest ». C'est une terre d'extrêmes, allant des rivages fertiles de la Méditerranée aux sables stériles du Sahara courant à l'infini.

Le Maroc est un vaste pays, façonné à la fois par la mer et le désert, et couvert en grande partie de montagnes. Avec plus de 15 % de son territoire au-dessus de 2 000 m d'altitude, c'est en effet un des pays les plus montagneux d'Afrique. Il se caractérise par la diversité de son relief : côtes méditerranéenne et atlantique, chaînes de montagnes (avec le troisième sommet africain le jbel Toub Kal, 4 165 m), riches plaines fertiles, et, plus au Sud, les premiers sables du désert saharien.

Au Nord, la Méditerranée baigne 530 km de côtes en une succession de falaises et de criques jusqu'à l'Algérie. Le relief, montagneux, ressemble plus à la côte Sud de la France qu'à un paysage africain. Les montagnes du **Rif**, qui reçoivent des pluies régulières, sont extrêmement fertiles.

Plus au Sud, on a une succession de trois chaînes montagneuses qui s'étirent d'Est en Ouest. Le **Moyen Atlas** est composé de hauts plateaux partiellement recouverts de forêts. Il est peuplé de tribus berbères semi-nomades. Les montagnes du **Haut Atlas**, les plus spectaculaires du pays, possèdent parmi les plus hauts sommets africains. Trois cols franchissent la chaîne. Seul l'un d'entre eux, le Tizi-n-Babaou est ouvert en hiver. Autrefois les tribus berbères du Haut Atlas descendaient dans la plaine en hiver pour regagner les montagnes en été. Mais au 19e s., la

plupart des tribus ayant été repoussées de la plaine par les Arabes, les Berbères s'installèrent nombreux en altitude. Moins élevées, ponctuées de vertes oasis, les montagnes arides de l'**Anti-Atlas** marquent le commencement des régions désertiques du Sud.

Partant du Cap Spartel, au Nord, près de Tanger, le **littoral atlantique**, immense plage ininterrompue bordée de dunes de sable, court sur 2 800 km jusqu'à la Mauritanie au Sud. Deux rivières majestueuses, l'oued Oum er-Rbia et l'oued Sebou, viennent se jeter dans l'Atlantique après avoir irrigué les vastes **plaines centrales** de l'Ouest marocain.

Ces plaines fertiles constituent la principale région agricole du Maroc. On y développe des

Haut Atlas : La Vallée de l'Ourika entaille la montagne.

fermes spécialisées pour approvisionner en fruits le marché européen pendant les mois d'hiver, et des cultures de fleurs pour l'exportation. Les terres plus à l'Est, aux abords de la frontière algérienne, sont beaucoup moins hospitalières ; c'est une **région de steppes** stériles qui s'effacent progressivement pour faire place au Sahara.

Au-delà des montagnes de l'Anti-Atlas, l'eau finit par disparaître du paysage, qui devient désertique. Ce n'est pas le désert de dunes des rêves sahariens, mais un désert de pierres cuit par le soleil, la *hammada* plate et rocailleuse du Sud marocain.

Colliers de verdure entre les rochers poussiéreux, véritables joyaux des paysages du Sud, les oasis luxuriantes et fertiles suivent les lits des rares cours d'eau.

La ville romaine de Volubilis est le plus beau site archéologique du Maroc.

HISTOIRE

Premières invasions

On a découvert dans le Sud marocain, près d'Akka, des dessins rupestres qui remontent à environ 3 000 ans avant J.-C., témoignage d'une culture des cavernes prospère dans les montagnes de l'Anti-Atlas au **néolithique**. La position stratégique du Maroc aux portes de la Méditerranée fit que le littoral fut exploité dès l'aube des transports maritimes. Entre 1 200 et 500 avant J.-C., les **Phéniciens** établirent des comptoirs le long de la côte pour le commerce de l'or, du blé et des poteries. Cette période vit aussi l'essor de Carthage en Tunisie, jusqu'à l'inéluctable destruction de la ville par les **Romains** en 146 avant J.-C. Ces derniers établirent leur protectorat sur les anciennes colonies phéniciennes. Ils contrôlaient un territoire comprenant à la fois le Maroc (à l'origine la région littorale du Nord-Ouest, s'étendant vers le Sud jusqu'à Rabat), et l'Algérie orientale, appelée alors Mauritanie. Les Romains appréciaient tant la partie marocaine de ce territoire, la Mauritanie Tingitane, qu'ils y construisirent la ville de **Volubilis**, près de Meknès. C'était une cité extraordinaire regroupant temples, marchés et habitations, qu'on visite encore aujourd'hui. L'influence romaine se répandit à travers tout le Maroc. Mais les légions devaient en permanence faire face à la rébellion des tribus berbères.

Lorsque les Romains se retirèrent, durant la seconde moitié du 3e s. de notre ère, le Maroc se divisa en différents fiefs berbères. Mais ce beau pays fertile attisait toujours les convoitises étrangères. Les **Vandales** opérèrent des raids dans le but de s'emparer d'esclaves et d'or, et d'exploiter les ressources locales. Ils tentèrent de dominer l'Afrique du Nord pendant un siècle, jusqu'à leur défaite au 6e s. par les **Byzantins**.

Souverains islamiques

L'invasion de 683 dessina le futur du Maroc.
Une armée arabe en maraude, conduite par
Oqba ibn Nafi, arriva de l'Est avec pour mission
de conquérir un empire pour l'Islam. Après avoir
fondé la ville de Kairouan, au Sud de Tunis, et
construit la première mosquée d'Afrique, ils
s'enfoncèrent au Maroc pour atteindre finalement
la côte atlantique. Les Berbères firent preuve
d'une résistance acharnée, et Oqba ibn Nafi fut
tué à Biskra pendant le voyage du retour. Une
période de troubles s'ensuivit. **Moussa ibn Nasr**
lança une nouvelle offensive en 703 et parvint à
pacifier les Berbères. Il engagea leurs meilleurs
guerriers pour s'attaquer victorieusement
à l'Espagne.

Devenu arabe, le Maroc joua un rôle dans les
intrigues qui ébranlaient le monde musulman.
En 788, **Idriss Ier**, puissant chérif (descendant
du Prophète), exilé de Bagdad à la suite de
la scission entre Sunnites et Chiites au sein
de l'Islam, fut accueilli à Volubilis et nommé
gouverneur par les tribus berbères. Ainsi fut
établie la première dynastie arabe du Maroc, les
Idrissides. Le calife de Bagdad, sentant grandir
à l'Ouest une puissance rivale, envoya des
émissaires au Maroc pour empoisonner Idriss Ier.
Son fils **Moulay Idriss II** devint l'un des plus
grands souverains de l'histoire du Maroc. Il fonda
la majestueuse ville de Fès, et étendit le territoire
à une superficie proche de celle du Maroc actuel.
A sa mort en 829, Moulay Idriss II avait instauré
un État fort et stable. Mais le royaume fut partagé
entre ses neuf fils ; une fois le pouvoir de l'État
dispersé, il devint vulnérable face aux puissantes
dynasties voisines.

Une force nouvelle surgit chez les tribus
berbères du Sud. Les troupes du chef almoravide
Youssef ben Tachfin déferlèrent vers le Nord,
s'emparant de territoires jusqu'en Espagne.

En 1062, il fonda sa capitale, **Marrakech**. En prenant cette ville pour base, les Almoravides s'élancèrent vers le Nord, prenant Fès et ce qui restait du royaume idrisside. En 1080, ils occupaient des terres vers l'Est jusqu'à Alger. A sa mort, à l'âge de plus de 100 ans, Youssef ben Tachfin était à la tête d'un royaume stable et prospère. Son fils Ali et les trois souverains suivants, moins efficaces, se montrèrent incapables de faire face aux rudes chefs berbères et au mécontentement grandissant du peuple.

Le Maroc devenant de plus en plus séculier, des relations commerciales furent établies avec l'Europe et des pays au Sud. Au milieu du 12ᵉ s., ce développement du commerce et des idées fut remis en question par **Ibn Toumert**, théologien strict qui prêchait un retour à l'intégrisme musulman. Cette nouvelle dynastie berbère, les **Almohades**, amorça l'âge d'or de l'architecture religieuse marocaine, avec notamment la Koutoubia à Marrakech et la Tour Hassan à Rabat.

L'influence chrétienne

En Europe, le pape, inquiet du pouvoir grandissant de l'Islam, envoya une immense armée chrétienne affronter les Almohades. Ces derniers furent défaits en 1212 à Las Navas de Tolosa, en Espagne. Cette défaite permit l'avènement d'une nouvelle dynastie au Maroc, les **Mérinides**, originaires du Sud, de tribus berbères du désert. Leur règne connut une période de calme relatif, qui vit l'épanouissement des arts, de la théologie et de l'architecture.

Cette paix ne devait pas durer. D'anciens conseillers des souverains mérinides se retournèrent contre eux en 1465, et une nouvelle dynastie fut fondée à son tour, celle des Wattassides. Elle connut une période de grande instabilité, pendant laquelle

Rabat : Vestiges de l'âge d'or de l'architecture almohade, la Tour Hassan inachevée et les colonnes de ce qui devait être la plus grande mosquée du monde.

l'Espagne et le Portugal établirent des bases
le long des côtes.

En 1492, les chrétiens espagnols mirent à profit
les troubles du Maroc et des royaumes islamiques
pour s'emparer enfin de Grenade, mettant fin à
700 ans de domination islamique en Andalousie.
L'inquisition espagnole se mit en place, et
réfugiés musulmans et juifs affluèrent dans les
cités marocaines. Il était urgent de se regrouper
et de consolider le pays : en 1554, les puissants
marabouts (guerriers saints) du Sud se rejoignirent
pour former la dynastie des **Saadiens** et repousser
Espagnols et Portugais. Leur nouveau sultan
Ahmed El Mansour développa les relations avec
l'Europe et conquit des territoires jusqu'à
Tombouctou.

La Dynastie Alaouite

La dynastie actuelle des Alaouites, descendants
du Prophète (ou *chorfa* - pluriel de *chérif* - d'où le
nom de royaume chérifien), prit naissance à
Rissani, dans le Sud. En 1668, le premier sultan
alaouite, Moulay Rachid, fut convié à Fès pour
reprendre le trône du Maroc. A sa mort en 1672,
son jeune frère **Moulay Ismaïl** lui succéda. Chef
impitoyable, appuyé par une armée de 150 000
esclaves africains, Moulay Ismaïl se forgea une
réputation de leader cruel et tyrannique. Malgré
ses actes de barbarie, on lui reconnaît d'avoir
rendu sa stabilité au pays et de l'avoir unifié
jusqu'aux terres les plus reculées. Il fonda sa
capitale, **Meknès**, força Espagnols et Britanniques
à abandonner les côtes, et tenta même d'obtenir
la fille de Louis XIV en mariage. En 1750, l'État
était fermement instauré. Le Maroc fut l'un des
premiers pays à reconnaître les tout nouveaux
États-Unis d'Amérique, instituant des liens étroits
qui perdurent à ce jour.

Au 19e s., l'indépendance du Maroc faiblit à
nouveau. En 1880, la Conférence de Madrid

instaura un contrôle européen sur Tanger, et les puissances coloniales se partagèrent la ville. Au tournant du siècle, le pays était ruiné. Les troupes françaises investirent Casablanca et Oujda. En 1912, le **Traité de Fès** attribua à la France le *Maroc Utile*, tandis que l'Espagne obtenait des territoires dans le Grand Sud. Tanger fut à son tour déclaré zone internationale, et se forgea une réputation pour ses soirées cosmopolites et ses intrigues mondaines.

Lors de la Deuxième Guerre mondiale, le Maroc s'engagea tôt auprès des Alliés. Casablanca accueillit Churchill et Roosevelt pour une conférence historique. Après la guerre, en 1956, les revendications pour l'indépendance du pays émises par **Mohammed V** furent finalement satisfaites.

Garde à cheval devant le Mausolée de Mohammed V à Rabat.

Le Maroc moderne

A la mort de Mohammed V en 1961, son fils
Hassan II lui succéda sur le trône, et mit en
œuvre un vaste programme de modernisation.
En 1975, il conduisit 350 000 civils dans le

La Mosquée
Hassan II,
sur le rivage
de l'Atlantique
à Casablanca.

désert, au Sud, pour revendiquer le Sahara occidental auprès de l'Espagne. Cet événement, resté sous le nom de **Marche Verte**, amorça dix ans de guérilla avec le Front du Polisario, soutenu par l'Algérie et réclamant des territoires indépendants au Sahara occidental. Un accord de paix fut finalement signé en 1988.

Pendant la Guerre du Golfe de 1990-1991, le Maroc expédia 1 300 hommes pour défendre le Koweït. Des émeutes pro-irakiennes éclatèrent alors dans les grandes villes. Les conséquences sur l'industrie touristique furent catastrophiques. L'Arabie Saoudite effaça alors la dette marocaine, pour un montant de 2 milliards de dollars. L'année suivante, le référendum tant attendu sur le Sahara occidental fut reporté par les observateurs de l'ONU, suite à des accusations de manipulation de scrutin.

Un nouveau Parlement marocain s'est constitué en 1993. Le sentiment d'unité a été raffermi dans le pays avec l'inauguration récente de la **Mosquée Hassan II** à Casablanca, gigantesque édifice financé par souscription publique. Malgré son emplacement aux confins d'une région troublée du monde, le Maroc moderne est un pays stable ; sa situation géographique à quelques kilomètres seulement de l'Europe en fait un maillon important des relations avec l'Afrique et le monde arabe. L'effort de modernisation du pays rencontre encore des difficultés majeures, notamment le chômage, le taux élevé d'analphabétisme, et la disparité entre les campagnes pauvres et les grandes villes riches où se concentrent les activités industrielles. Cependant, la détermination d'aller vers le 21e siècle reste forte. En s'appuyant sur les revenus de l'industrie touristique, elle devrait aider à dépasser les difficultés intérieures du pays.

PEUPLE ET CULTURE

Riche de douze siècles d'histoire en tant qu'entité nationale, le Maroc est un pays confiant et hospitalier. L'héritage des sultans marocains en Méditerranée occidentale resplendit dans son fabuleux patrimoine architectural. Aujourd'hui ce pays est réputé être l'un des plus accueillants du monde arabe.

L'héritage marocain a plusieurs visages. Les habitants d'origine sont les **Berbères**, peuple dont la provenance n'est pas connue avec certitude, probablement la Libye préhistorique. Les Berbères, qui parlent leur propre langue, se retrouvent dans de nombreuses régions d'Afrique du Nord, mais plus de soixante pour cent d'entre eux vivent au Maroc. Avec le commencement de l'implantation arabe aux 7e-8e s., de nombreuses tribus berbères furent « arabisées » et s'installèrent dans les nouvelles villes, façonnant une société mixte qui a forgé le caractère marocain. Aujourd'hui, la plupart des Berbères parlent à la fois l'arabe et l'un des nombreux dialectes berbères. Les tribus des régions les plus reculées, notamment du Haut Atlas, ont conservé leur culture traditionnelle. Nombreux sont ceux qui parlent un peu l'arabe ou le français.

Bien que l'arabe soit la langue officielle, la plupart des Marocains peuvent communiquer en français, héritage du protectorat. Le français est enseigné à l'école, et reste dans les villes la langue de l'enseignement supérieur, du gouvernement et de l'industrie.

Les Arabes ont converti les Berbères à l'Islam, qui joue toujours un rôle important dans la société marocaine actuelle. La plupart des Marocains sont musulmans sunnites. Les plus petits villages possèdent une mosquée (*djama*, en Arabe), d'où le *muezzin* chante cinq fois par jour l'appel à la prière : à l'aube, à midi, au milieu de

Porteur d'eau traditionnel.

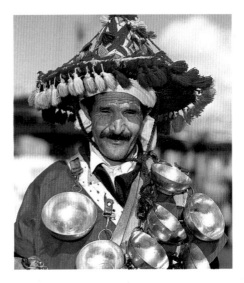

l'après-midi, au coucher du soleil et en milieu de soirée. Le vendredi est le jour saint des musulmans ; la prière communautaire a lieu à midi. Au Maroc, l'entrée de presque toutes les mosquées est interdite aux non-musulmans.

Éloigné de la source géographique de l'Islam, le Maroc a toujours toléré les croyances populaires. De nombreux Marocains croient toujours à l'inspiration et aux pouvoirs guérisseurs des *marabouts*, saints locaux hautement vénérés. Ils suscitent une grande ferveur religieuse, et on recommande aux non-musulmans de rester à distance de leurs tombeaux (aussi appelés *marabouts*).

Le roi Hassan II a le souci de créer une nation unique en son genre, combinant pratique musulmane traditionnelle et développement économique moderne. En tant que descendant direct de Mahomet, son rôle de chef spirituel

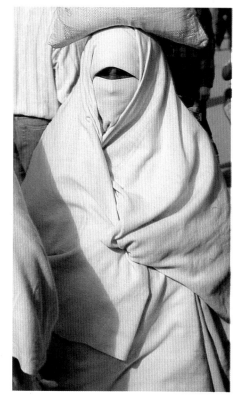

Femmes musulmanes portant le voile et le hijab (fichu couvrant la tête) traditionnels.

ajouté à celui de leader politique lui a permis jusque-là d'entretenir un équilibre satisfaisant, et le Maroc a évité les violences intégristes qui secouent l'Algérie.

La femme était traditionnellement une citoyenne de seconde zone dans la société marocaine. La loi islamique précise que si un homme peut avoir quatre épouses, une femme ne peut avoir qu'un mari. Cependant, la plupart des mariages marocains sont aujourd'hui monogames et les femmes commencent à faire entendre leur voix. Dans les grandes villes, les femmes mènent leur vie et leur carrière pratiquement comme dans n'importe quelle ville occidentale. Le taux de natalité a été divisé par deux, grâce à la large diffusion de la contraception, et les filles reçoivent maintenant une éducation comparable à celle des garçons. Comme l'a souligné le roi Hassan : « Toutes les voies sont ouvertes aux femmes marocaines, et elles doivent emprunter ces voies. » Le fait que le premier Sommet des Femmes de la Méditerranée et d'Europe ait eu lieu au Maroc (en 1994, à Marrakech) montre que le pays est prêt à relever le défi.

ARTS ET ARCHITECTURE

Influences musulmanes

L'art et l'architecture marocains sont intimement liés à l'Islam. Selon les écrits coraniques, la première mosquée du monde fut bâtie par Mahomet à Médine en Arabie. Mosquée signifie littéralement «lieu de prosternation». Ces édifices sont toujours orientés vers La Mecque, lieu de naissance de Mahomet. Cette direction est marquée par le *mirhab*, niche devant laquelle l'imam va conduire la prière. L'avant cour ou *sahn* abrite un bassin et une fontaine dans laquelle les fidèles procèdent à leurs ablutions avant la prière. L'appel à la prière est lancé du haut du minaret cinq fois par jour par le *muezzin*. Les minarets marocains sont généralement carrés, contrairement aux tours rondes que l'on rencontre dans les pays musulmans orientaux.

L'Islam interdit l'usage des images, mais admet une ornementation sophistiquée. Les *médersas* (écoles religieuses consacrées à l'étude du Coran et de l'Islam) de Fès, Meknès et Marrakech sont ornées de fabuleuses dentelles de stuc, de *zelliges*, mosaïques colorées, et de calligraphies raffinées visant à mener le spectateur du monde des hommes vers celui de Dieu. Des motifs noirs et blancs entrelacés longent les murs, symbolisant les forces opposées du Bien et du Mal, soulignés par un verset du Coran « Dieu est grand. Il n'est d'autre Dieu que Dieu... »

Presque tous les styles architecturaux sont influencés par le Coran. Les nombreux arcs et portes en arche représentent la Porte du Paradis. La porte est un élément primordial des habitations marocaines, car le paradis musulman est gardé par sept portes, que les fidèles doivent passer pour rejoindre Dieu.

Puisque l'Islam proscrit la création d'images, l'art au Maroc a toujours été non pictural. Les artistes se sont tournés alors vers l'artisanat, créant poteries, tapis, bijoux, objets en argent et en bois de toute beauté.

L'architecture berbère

Le style austère de l'architecture berbère traditionnelle contraste fortement avec les intérieurs richement décorés, sculptés avec raffinement, des constructions musulmanes. *Agadirs* (greniers fortifiés), *kasbahs* (résidence du chef, entourée de maisons plus petites), et *ksour* (*sing. ksar*, château ou village fortifié) sont construits avec des murs de soubassement défensifs couleur ocre surmontés de murs de briques. En dépit de leur allure impressionnante, la terre utilisée dans leur construction ne résiste pas toujours aux éléments et aux années.

Influences occidentales

Les Français choisirent de bâtir en dehors des *médinas* (villes anciennes), créant des villes ressemblant à l'Europe des années 1930. Casablanca notamment possède quelques

Détail de boiseries finement sculptées dans la Médersa Bou Inania.

bâtiments Art Déco intéressants. L'influence des
Maures d'Espagne s'est intégrée plus subtilement
à l'architecture, sous forme de riches éléments
décoratifs géométriques, floraux et calligraphiques.

Aux 19e et 20e s., l'influence française a permis
la formation d'une petite école de peintres du
Maroc, attirés par les aspects exotiques et
orientaux du pays, la qualité de sa lumière, et son
mode de vie paisible. Tanger a séduit des artistes
aussi célèbres que Delacroix, Van Dongen,
Matisse, Marquet et Bacon. Aujourd'hui, un
festival d'art international se tient à Asilah.
A Essaouira, des artistes exposent des toiles
expressives et colorées, utilisant signes et
symboles issus du patrimoine culturel berbère.

A VOIR ABSOLUMENT

Fès★★★

Une ville à l'architecture et à l'atmosphère si extraordinaires qu'elle a été inscrite au répertoire du patrimoine mondial de l'UNESCO. Avant tout, Fès est un lieu incroyablement arabe, où raffinement et tohu-bohu sont intimement mêlés.

Marrakech★★★

Au cœur de la médina de Marrakech, la vaste place Jemaa el Fna, grouillante et pittoresque.

Rivale déclarée de Fès, Marrakech, porte du Sud, présente un caractère résolument africain. Sa grande place, la célèbre Jemaa el Fna, est un carnaval de couleurs, de sons et d'odeurs. Ses oasis et ses jardins séduiront même le voyageur le plus blasé.

Rabat★★★

Capitale administrative du Maroc, Rabat est
une ville cosmopolite de conception française.
Elle possède de grands monuments, comme le
Mausolée de Mohammed V, les mystiques jardins
de Chellah, et la Kasbah des Oudaïas, qui domine
l'Atlantique.

Tafraoute★★★

Avec ses maisons pittoresques ocre et roses,
Tafraoute se blottit sur un versant de l'Anti-Atlas,
surplombant des vallées fertiles.

Circuit de la Vallée du Drâa★★

A partir de Ouarzazate, avant-poste aux portes
du Sahara, ce circuit magnifique suit le cours du
Drâa et de son millier d'oasis, autrefois infestées
de crocodiles.

Tanger★★

Si Fès est arabe et Marrakech africaine, Tanger
est européenne. Face au Rocher de Gibraltar,
cet ancien lieu de plaisirs international est
aujourd'hui une station touristique, avec des
plages de sable blanc et de grands ensembles
hôteliers. La kasbah à l'animation désordonnée
et le dédale de ruelles étroites de la médina
possèdent un charme particulier.

Essaouira★★

Une des villes les plus enchanteresses du Maroc,
Essaouira, ravissant port de pêche, possède aussi
quelques-unes des meilleures plages d'Afrique
pour la planche à voile.

Meknès★★

Entourée des murailles les plus impressionnantes
du pays, la capitale du sultan Moulay Ismaïl est un
monument à la gloire impériale.

Chefchaouèn★★

Au cœur des montagnes sauvages du Rif,
cette charmante petite ville aux maisons
blanches a été peu touchée par le tourisme
de masse.

Vallée du Dadès★★

Le cours contrasté du Dadès entaille le massif
du Haut Atlas de gorges spectaculaires, puis
parcourt à basse altitude une vallée d'oasis
fertiles parsemée de kasbahs magnifiques,
la «vallée des mille kasbahs».

LE NORD

L'emplacement stratégique de Tanger aux portes occidentales de la Méditerranée a attisé bien des convoitises tout au long de l'histoire.

Séparé de l'Europe par un mince bras de mer, le Nord du Maroc est loin de l'image stéréotypée de terre desséchée qu'on se fait généralement de l'Afrique du Nord. La côte méditerranéenne est aussi verte et escarpée que la Côte d'Azur, et les plages de sable blanc évoquent plutôt les îles grecques. C'était autrefois une terre sauvage, peuplée de brigands et de tribus belliqueuses, et les invasions par les armées successives ne sont jamais parvenues à amadouer ses paysages extrêmes et ses habitants indomptables.

Aujourd'hui, le tourisme est la première industrie de la région, et de nouveaux complexes d'appartements et d'hôtels se construisent le long de ses côtes magnifiques. Les stations y rivalisent avec tout ce que peut offrir le reste de la Méditerranée.

Le nœud de la région reste bien entendu Tanger avec son grand port en expansion, autrefois lieu de divertissements international et passage entre deux continents. Plus à l'Est, on rencontre deux anomalies géographiques, les enclaves espagnoles de Ceuta et Melilla. Proche de la frontière algérienne, la ville d'Oujda a été l'objet de nombreux conflits dans le passé du fait de son emplacement.

TANGER★★

Tanger a toujours été une ville différente du reste du Maroc. Son histoire se confond avec l'occupation étrangère. Les puissances européennes ont longtemps convoité la position stratégique de cette ville aux portes de la Méditerranée. Les Romains furent les premiers envahisseurs, suivis pendant deux millénaires par une succession de puissances européennes, parmi lesquelles les Portugais, les Britanniques, et les

Français. En 1923, un gouvernement international fut instauré, et Tanger passa sous le contrôle d'un ensemble de nations, France, Grande-Bretagne, Espagne, Portugal et Italie. Sa réglementation laxiste tolérant des activités considérées ailleurs comme illicites ou licencieuses, Tanger devint un centre de contrebande, d'intrigues politiques et de commerces douteux. A son apogée, dans les années 1920, on la disait la ville la plus cosmopolite du monde. De nombreux écrivains, artistes et mondains s'y retrouvaient pour s'adonner à des activités prohibées dans la plupart des autres pays.

La Tanger moderne est à cent lieues du théâtre

Emplettes quotidiennes au marché animé de Tanger.

décadent des années 1920. C'est aujourd'hui une ville à l'atmosphère sereine, un port moderne, avec une industrie touristique en expansion. Les cabarets qui avaient fait sa réputation sont fermés depuis longtemps, et son image la moins honorable survit uniquement dans les histoires invraisemblables des guides. Elle reste cependant une cité très animée, avec sa kasbah mystérieuse, ses longues plages de sable et ses larges boulevards coloniaux.

Toute visite de Tanger débutera généralement par la place centrale de la ville, le **Grand Socco** ou Place du 9-avril-1947. Ce deuxième nom lui fut donné pour commémorer le discours du sultan Mohammed V, appelant sur la place à l'indépendance du Maroc, alors sous protectorat français. « Socco » vient de *souk*, qui signifie marché. Lieu de rassemblement perpétuellement animé, la place est envahie de scooters, de voitures et de charrettes. Les jeudis et dimanches, les habitants du Rif descendent toujours des montagnes pour le marché avec leurs grands sombreros traditionnels, mais n'ont plus ni chameaux ni mousquets. Côté Ouest de la place, une grande porte bleue ouvre sur les **Jardins de la Mendoubia,** où pousse l'énorme Arbre du Dragon, vieux de 800 ans. En examinant attentivement son tronc noueux et tourmenté, on peut y discerner la forme d'un homme. La légende raconte qu'au 13ᵉ s. l'arbre s'est emparé de l'âme d'un prince perfide, et il y serait encore emprisonné.

La Médina, ou vieille ville

A partir du Grand Socco, on pénètre dans la médina par la **rue des Siaghines**, autrefois rue des joailliers, envahie aujourd'hui par les marchands de tee-shirts. Elle rejoint le **Petit Socco★**, cœur de la médina, et donc cœur de Tanger. De nombreux artistes et écrivains y ont séjourné, comme Paul

Morand et les auteurs américains Paul Bowles
et Tennessee Williams. La place était autrefois
le point de rendez-vous le plus couru de la ville,
fréquenté par des peintres comme Henri Matisse
et Raoul Dufy, et des vedettes de cinéma comme
Errol Flynn et Cary Grant. Leur café préféré, le
Café Central, est toujours là aujourd'hui, bien
que dans un état de gracieux délabrement.

A l'angle Nord de la médina se dresse le
monument le plus célèbre de Tanger, la **Kasbah**
de sinistre renom. Ce quartier fortifié du 17ᵉ s. fut
prisé des étrangers. L'héritière Barbara Hutton a
vécu dans le vaste Palais de la Villa Sidi Hosni ;
les Tangérois appréciaient tant cette pétillante
héritière qu'ils autorisèrent l'élargissement des
rues de la kasbah pour permettre à sa Rolls de
passer. C'est encore aujourd'hui un des secteurs
résidentiels les plus recherchés de la ville, avec
des palais récents de style traditionnel qui se
mêlent aux bâtiments plus anciens. La **Place de la
Kasbah** en est le point le plus élevé, offrant une
vue★ au-delà de la ville sur Gibraltar et l'Espagne.

La Porte Bab el Assa mène au **Dar el
Mahkzen★★**, palais royal construit par Moulay
Ismaïl pour célébrer le départ des Anglais de
Tanger en 1684. Il renferme aujourd'hui le **Musée
ethnographique et archéologique★**, avec ses
collections d'œuvres romaines, de poteries, de
magnifiques mosaïques, de Corans enluminés et
de tapis. A côté, les **Jardins du Sultan** offrent leur
havre de verdure au sein du chaos de la médina.
En traversant l'ancienne esplanade du palais,
on rejoint un point d'observation d'où l'on
a de belles vues sur la baie.

En quittant les jardins, on trouve, sur les
hauteurs de la ville, le fameux **Café « Le Détroit »**,
rendu célèbre pendant les années 1960 par les
Rolling Stones. Pendant leur séjour chez le patron
Brion Gysin, poète de la « beat generation », ils
enregistrèrent des musiciens marocains. Le café

accueille maintenant des groupes de touristes qui profitent de la vue superbe sur la baie.

A l'angle Sud de la médina, au fond d'un dédale de ruelles, se cache un monument national américain, la **Légation des États-Unis**★ Cet ancien consulat, offert en 1821 au président Monroe par le sultan Moulay Suleïman, abrite maintenant une galerie d'œuvres d'artistes contemporains marocains et occidentaux, ainsi qu'un musée présentant des cartes et documents retraçant l'histoire de Tanger et des relations entre le Maroc et les États-Unis.

Au-delà de la médina

A l'extérieur de la médina, l'ambiance comme l'architecture sont coloniales. Au Sud du Grand Socco s'étend la **Place de France**, sur lequel donne le café le plus célèbre de Tanger, le **Café de France**. Quelques portes plus loin, on trouve **El Minzah**, un palace de luxe qui a servi de quartier général à des agents secrets pendant

La kasbah du 17ᵉ s. occupe les hauteurs de la médina.

Le Musée Forbes occupe le Palais du Mendoub, ancienne villa de l'éditeur américain Malcolm Forbes.

la Deuxième Guerre Mondiale, où descendent aujourd'hui personnages royaux et vedettes de cinéma.

Le développement du tourisme dans la ville s'est concentré et ses plages de sable, et sur l'**Avenue des Forces Armées Royales**, aux nombreux hôtels, clubs et restaurants. Les visiteurs les plus aisés ont depuis longtemps délaissé la baie au profit du quartier boisé justement nommé **La Montagne**, à l'Ouest du port. Ses rues tranquilles et ses places bordées d'arbres présentent un contraste saisissant avec le tohu-bohu commercial de la médina.

Vers l'Ouest en suivant la côte, on trouve le **Musée Forbes★** qui renferme l'importante collection de miniatures de Malcolm Forbes, reconstituant des batailles célèbres. Des ravissants jardins, on a une vue superbe sur la baie

LA CÔTE NORD-OUEST

A l'Ouest de Tanger s'avance le Cap Spartel, site splendide et spectaculaire, pointe Nord-Ouest de l'Afrique où l'Atlantique rencontre la Méditerranée. C'est un endroit idéal pour observer les oiseaux migrateurs qui survolent d'un coup d'aile le détroit de Gibraltar. On remarquera particulièrement aigles, buses et cigognes tournoyant dans le ciel. Au Nord, de l'autre côté de la mer, se trouve le Cap Trafalgar, où l'amiral Nelson vainquit Napoléon.

En contrebas, cachées sous le roc, se trouvent les célèbres **Grottes d'Hercule★**. Ces cavités naturelles ont une histoire ancienne. En 1920, des archéologues français y ont découvert les vestiges d'un culte préhistorique vénérant le phallus. Des tailleurs de pierre ont aussi exploité les grottes pour en extraire des meules à grain : on aperçoit encore les traces de leur activité dans les cavernes. L'action combinée de la mer et des hommes a façonné des formes spectaculaires et des séries de puits d'aération.

Pendant des siècles, les étranges cavités naturelles des Grottes d'Hercule ont été exploitées pour la fabrication de meules.

L'une des peintures murales ornant les murs d'Asilah.

En poursuivant vers le Sud le long de l'interminable côte atlantique, on découvre la ville fortifiée d'**Asilah**★, destination appréciée des touristes marocains. Ses maisons blanches et ses rues pavées ont un charme tranquille. L'atmosphère y est agréablement détendue. La ville accueille en août un Festival International des Arts, auquel participent groupes, chanteurs et peintres renommés. Chaque été, les peintres ajoutent de nouvelles œuvres aux peintures expressives qui décorent déjà de couleurs vives un grand nombre des murs portugais datant du Moyen Âge.

Vers le Sud, la petite ville de **Larache**, principal port espagnol pendant l'occupation coloniale, a conservé un air espagnol. On y voit encore des plaques de rue et des enseignes en espagnol, et de nombreux habitants parlent cette langue. Parmi d'autres vestiges, on visite l'ancienne cathédrale espagnole et un fort du 17ᵉ s. en ruine, surnommé le **Château de la Cigogne** à cause de l'oiseau-emblème national qui y niche l'été. La longue plage de sable de la ville est relativement sûre pour la baignade, en comparaison des plages plus au Sud.

Les ruines romaines de **Lixus**★, à proximité, font la fierté de Larache. La légende veut qu'Hercule ait été envoyé à Lixus pour l'avant-dernier de ses travaux, qui consistait à voler les pommes d'or du Jardin des Hespérides (il se serait agi en fait de mandarines). A l'époque romaine, cette ville était un centre de production de *garum*, sorte de pâte d'anchois fortement épicée dont on remplissait des jarres qu'on expédiait à Rome. Il y a plusieurs ruines romaines à découvrir : des fabriques, l'amphithéâtre et des thermes dédiés à Neptune, avec une belle mosaïque représentant le dieu marin Oceanus.

LE RIF

Le paysage des montagnes du Rif ne ressemble à aucun autre en Afrique : pics altiers perdus dans les nuages, riches vallées verdoyantes, crêtes déchiquetées, une région sauvage et imprévisible autrefois sous la coupe de tribus farouches. Les forces coloniales la connaissaient sous le nom de *Bled es Siba*, « le pays ingouvernable ». Cette appellation s'est révélée exacte, le Rif ayant souvent servi de base à des tribus rebelles pendant les occupations espagnole et française. Son isolement et sa beauté ont ces derniers temps séduit un nouveau conquérant, le tout-puissant touriste. Avant l'élimination des plantations de haschisch, à laquelle la Communauté Européenne a participé, la région était le centre de production du *kif*. Le long de la côte, de nouvelles stations se développent, proposant le dernier confort aux vacanciers.

Tétouan★★

Rassemblant une multitude de maisons blanches, Tétouan est la ville principale de la région. Capitale du Maroc sous l'occupation espagnole, on la surnomme toujours « Fille de Grenade ». L'influence espagnole est sensible dans toute la ville. Des bâtiments Art Déco subsistent au milieu des maisons traditionnelles, et les habitants parlent encore espagnol.

Au cœur de la ville se trouve une **médina★★**, avec plusieurs souks débordant d'animation et quelques musées qui méritent une visite. L'artisanat de Tétouan est l'un des plus réputés du Maroc, grâce à sa fameuse **école de métiers d'arts traditionnels** établie en 1936 par les Espagnols, située à Bab el Okla, hors des murs de la médina. Les ateliers se visitent, et la salle d'exposition de l'école est vraiment remarquable.

A l'entrée de la médina, le petit **Musée des Arts et Traditions Populaires★** abrite des œuvres d'art plus anciennes, dont une collection de broderies musulmanes et broderies juives d'Andalousie. On peut louer les services d'un guide pour visiter le **Souk el Hots**, marché berbère spécialisé dans les textiles et produits artisanaux comme les jupes rouges et blanches traditionnelles, les *foutas*. Sur la Place Moulay el Mehdi, le **Musée Archéologique★** expose des objets en provenance de la Lixus romaine.

Au Nord de Tétouan, le long d'une belle péninsule de sable, s'étendent quelques-unes des **stations balnéaires** les plus récentes du Maroc. La plus proche de Tétouan est **Martil**, ancien port

La mosquée de Chefchaouèn et son minaret octogonal caractéristique.

de pirates, aujourd'hui station en plein essor. On a créé un nouveau terrain de golf à **Cabo Negro**, avec des ensembles de villas. Plus au Nord, **Marina Smir** est la toute dernière station de la péninsule, avec sa marina, ses yachts et l'Aquaparc Blue Lagoon.

Chefchaouèn★★

(*ou* Chaouen, Chechaouen, Xauen)
Autre halte agréable, Chefchaouèn offre son dédale séduisant de maisons blanchies à la chaux dans un site spectaculaire entre les pics jumeaux du Jbel Chaouen (Chaouen signifie « cornes » en berbère).

Son éloignement a attiré musulmans et juifs andalous, qui s'y sont réfugiés pour fuir

l'inquisition espagnole. Ils y ont vécu dans
un isolement superbe jusqu'à la prise de la
ville par des soldats espagnols en 1920. Ceux-ci
retrouvèrent alors des dialectes andalous qu'on ne
parlait plus en Espagne depuis le Moyen Âge. Les
toits de tuiles rouges de la **médina**★★ rappellent
les «villages blancs» de la région de Grenade.
Aujourd'hui, c'est un endroit accueillant
et serein, et une bonne base de départ pour
la randonnée.

Ketama et Ouazzane★

Ketama se trouve au cœur du Rif. C'est un centre
traditionnel de production de kif, et les voyageurs
sont priés de se montrer prudents. Il n'y a pas
grand-chose à voir. La plupart des visiteurs se
contentent de traverser. En revanche, **Ouazzane**★
est une ville plus paisible, dont les 600 000 oliviers
produisent la meilleure huile du Maroc. Sur les
pentes douces du Jbel Bou-Hellal, la ville, restée
plaisamment peu commerçante, donne un aperçu
de la vie rurale au Maroc. Tous les jeudis matin,
les paysans de la montagne se rendent à
Ouazzane pour le marché haut en couleur
de la Place de l'Indépendance. Cela vaut la
peine d'explorer l'intéressant labyrinthe
des ruelles pavées qui partent de la place.

LA CÔTE NORD

Le long de la côte au Nord, on découvre deux
curiosités de la géopolitique, les ports de **Ceuta**★
et **Melilla**, qui sont restés sous souveraineté
espagnole après le départ des Espagnols du
Maroc en 1956. Aucun ne possède de monument
particulier à visiter, mais il y règne une séduisante
ambiance hispanique et on y trouve des magasins
hors taxes. La plus grande des deux, Ceuta,
se trouve à la pointe Nord du Maroc, face à
l'enclave britannique de Gibraltar. Une ligne

régulière de ferries dessert l'Espagne. Melilla, ancien port d'exportation du minerai de zinc, se trouve plus à l'Est. Les formalités d'entrée pour chaque enclave peuvent prendre du temps. Les voitures de location ne passent pas la frontière.

A environ 200 km à l'Est de Tanger, **Al Hoceima**★ est l'une des plus grandes stations de la côte, prisée des voyagistes français et allemands. Elle est célèbre pour sa vaste baie et sa plage adossée à de grandes falaises.

A l'intérieur des terres vers le Sud-Est, on rencontre les monts des **Beni-Snassen**★★. Ces reliefs verdoyants et fertiles recèlent des paysages spectaculaires et plusieurs sites intéressants. La **Grotte du Chameau** renferme de grandes stalactites, dont l'une, en forme de dromadaire, lui a donné son nom. A proximité, les **Gorges du Zegzel**★ ouvrent leur faille calcaire vertigineuse entre des pics élancés.

Pause en attendant les clients sur la plage de Tanger.

Les médinas

La médina est la ville ancienne entourée de murailles d'une cité marocaine. Le mot vient de Médine, ville où le Prophète Mahomet s'établit en 622.

On peut hésiter à s'aventurer dans ce dédale inextricable de venelles, de passages et de ruelles, mais c'est souvent là que l'on glanera les meilleurs souvenirs d'un séjour marocain. Il est recommandé de prendre un guide pour circuler dans les médinas ; les guides officiels arborent un badge de l'administration. Visiter la médina de Fès, qui compte près de 60 000 habitants au km², est une des aventures urbaines les plus intenses au monde.

Une médina se compose de plusieurs *derbs*, ou quartiers. Chaque *derb* est un petit village indépendant, comprenant une mosquée, un *hammam* (bains publics), une boulangerie, une *médersa* (école coranique), et une fontaine. Les *derbs* regroupent traditionnellement toutes les couches de la société, formant une communauté solidaire où les riches viennent en aide aux plus démunis.

Mais l'ancienne médina évolue avec le temps. Suivant le développement économique, les entreprises et les familles les plus aisées quittent ces quartiers surpeuplés pour des banlieues plus spacieuses. Certains bâtiments tombent en ruine, des boutiques ferment, et les traditions s'évanouissent rapidement. L'UNESCO et le gouvernement marocain espèrent que les revenus du tourisme pourront être employés à sauvegarder l'architecture et la culture admirables des médinas.

A droite : médina de Rabat.
Ci-dessous : marchand
de babouches.

LES PLAINES CENTRALES

Les plaines centrales du Maroc forment le noyau agricole, politique et spirituel du pays. Cette région, qui s'étend entre le Rif au Nord et le massif central du Moyen Atlas, est la plus fertile du Maroc. Elle produit l'essentiel de la nourriture du pays, et une bonne part de ses exportations de fruits et légumes exotiques.

A l'Ouest se trouve la côte industrialisée de l'Atlantique, avec des agglomérations reliant le centre d'affaires de Casablanca au pôle administratif de Rabat, qui regroupent un tiers des habitants du Maroc. Au milieu de la plaine, Fès, première capitale impériale, est l'une des villes les plus mystérieuses du monde, et l'une des plus impressionnantes sur le plan de l'architecture. Non loin,

La séduisante région des plaines centrales est la plus fertile du Maroc.

le tout-puissant sultan Moulay Ismaïl a fait bâtir sa capitale Meknès, cité monumentale, une des plus grandes villes fortifiées du monde.

A l'Est de la région, en s'éloignant de Fès vers le Sud, les montagnes du Moyen Atlas cachent des forêts de cèdres géants, des villages berbères et des familles de singes magots.

CASABLANCA★

L'image romantique habituelle de Casablanca nous vient du film du même nom, tourné avec Humphrey Bogart à Hollywood. Elle ne correspond en rien à la ville. Avec ses tours de bureaux et sa banlieue à perte de vue, la vraie Casablanca fait penser à presque n'importe quelle ville européenne.

Casablanca : la ville moderne, avec au premier plan la Place Mohammed V.

Dans la Mosquée Hassan II, arc décoré de superbes céramiques bleues.

L'endroit était sans doute déjà habité à l'époque préhistorique. Les origines phéniciennes de la ville se trouvent à Anfa, dans la banlieue Ouest. Quand les Arabes arrivèrent au 7ᵉ s., il y trouvèrent un peuplement berbère. Pendant les 13ᵉ et 14ᵉ s., des pirates utilisèrent la ville comme base pour préparer leurs attaques contre les navires portugais et espagnols. Au 14ᵉ s., ce sont les Portugais qui s'établirent sur la côte. Ils nommèrent leur port Casa Blanca, « la maison blanche ». Le grand tremblement de terre de 1755 le détruisit entièrement, et ce n'est qu'à la fin du 18ᵉ s. que des marchands arabes décidèrent de s'y installer. On dégagea les ruines, une mosquée fut élevée. Aujourd'hui, la ville a une population de plus de trois millions d'habitants, un quartier d'affaires moderne et trépidant, et la ferme ambition de devenir le premier centre financier d'Afrique au Nord de Johannesburg.

Mosquée Hassan II★★★

Le monument principal de Casablanca est la nouvelle grande mosquée inaugurée en 1993, symbole de la vision du roi Hassan et de la générosité du peuple marocain, car l'essentiel de son budget d'environ 3 milliards de Francs provient d'une souscription publique. C'est la deuxième mosquée du monde. Son minaret, le plus haut (200 m), émet un rayon laser en direction de La Mecque. La salle de prière peut accueillir jusqu'à 20 000 fidèles, et 80 000 autres peuvent prendre place dans la cour extérieure, l'ensemble couvrant la superficie incroyable de 9 hectares. Inspiré par le Coran, qui dit que « le trône de Dieu se dresse sur les eaux », le site de la mosquée, avec les vagues qui viennent se briser sur les murs de marbre blanc, impressionne autant que son architecture.

Centre-ville de Casablanca

L'architecture du centre de Casablanca est de style colonial français. Les anciens bâtiments administratifs de la **Place Mohammed V**★ en sont les meilleurs exemples. Pour éviter les embarras du centre d'affaires, marcher vers le Sud à partir de la Place Mohammed V en direction du **Parc de la Ligue Arabe**★ et de ses agréables cafés abrités sous les palmiers. A l'extrémité Nord du parc se dresse la blanche **Cathédrale du Sacré-**

Cœur, ancienne cathédrale française maintenant destinée à un usage civil.

Tandis que les Français bâtissaient une ville sur le sol poussiéreux du port abandonné, des milliers de Marocains arrivaient de la campagne à la recherche de travail. Pour les loger, des architectes français construisirent au cours des années 1930 le **quartier des habous** ou **Nouvelle Médina★**, dans le respect du style marocain traditionnel.

Aujourd'hui, la Nouvelle Médina, marché très animé, est un très agréable but de promenade, avec la découverte de l'imposant palais de justice et de la mosquée. On se heurte à l'Est aux murs du **Palais du Roi**, où des soldats à l'allure plutôt intimidante montent la garde.

Aïn-Diab

Au Sud de la Mosquée Hassan II, la route littorale mène à Aïn-Diab, enfilade de clubs de plage, bars et restaurants de poisson cosmopolites qui ont l'air plus européens que marocains. Plus loin, la longue plage de **Sidi-Abd-er-Rahmane** conduit à un **marabout** (tombe sacrée) situé sur une île côtière coupée du continent à marée haute. Ce sanctuaire accueille des pèlerins espérant la guérison de leurs maladies. Bien que la visite de ce lieu sacré soit interdite aux non-musulmans,

La plage d'Aïn-Diab, bordée de piscines, clubs et bars.

on peut le voir de la plage, qui se prête
admirablement aux promenades du soir,
avec des couchers de soleil inoubliables.

FÈS★★★

Aucune ville n'est semblable à Fès, la plus
ancienne des villes impériales marocaines. Fondée
à la fin du 8ᵉ s., c'est la capitale du premier
État musulman. Son antique médina est l'une
des villes médiévales musulmanes les mieux
conservées au monde, un dédale tumultueux de
ruelles, d'échoppes et de mosquées qui étourdit
le visiteur. Grâce à un programme de restauration
ambitieux patronné par l'UNESCO, on rénove
de nombreux édifices anciens de la ville pour
leur rendre leur beauté originelle.

*Une grande vallée
entourée de collines
a fourni le site
idéal pour la ville
impériale de Fès.*

Peuplée d'environ 500 000 habitants, Fès se divise en trois secteurs : Fès-el-Bali (Fès le Vieux), Fès-Jdid (Fès la Nouvelle), et la Ville Nouvelle, quartier récent construit par les Français.

Bab Bou Jeloud, porte de Fès.

Fès-el-Bali★★★

Fès-el-Bali est la partie la plus ancienne de la ville. Elle s'est peuplée au 9ᵉ s. de réfugiés chiites venant de Tunisie. C'est un labyrinthe de petites venelles, passages et ruelles où il est extrêmement facile de se perdre. Il est plus prudent de suivre une visite guidée. Le circuit de 16 km autour des remparts est une excellente entrée en matière pour la visite.

La porte **Bab Bou Jeloud** est l'entrée monumentale de Fès. Bâtie en 1913 en style traditionnel, elle possède une arche centrale flanquée de part et d'autre d'ouvertures en forme de trou de serrure. Son décor de céramique est bleu, couleur de Fès. A l'intérieur, la couleur verte symbolise l'Islam.

Les médersas de Fès

Créées par les Mérinides au 14ᵉ s., les médersas étaient des écoles religieuses reliées à l'Université Karaouiyne. La **médersa Bou Inania**★★, située à l'entrée de la médina après Bab Bou Jeloud, est le seul bâtiment religieux en activité de la ville ouvert aux non-musulmans. Elle possède une cour centrale et une salle de prière merveilleuses. Les autres médersas ne sont plus consacrées aux études religieuses. La **médersa Attarine**★ est moins grande que la médersa Bou Inania, mais la qualité du travail des stucs, le raffinement des panneaux de cèdre sculptés et la somptueuse ornementation intérieure en font la plus belle des médersas.

La plus récente et la plus grande, la **médersa Cherratine**★, fut construite en 1670 par les Alaouites. Cachée au fond d'une petite allée donnant sur la Place Seffarine, la **médersa Seffarine**, fondée en 1285, est l'une des écoles les plus anciennes. Petite et peu impressionnante à l'intérieur, elle ressemble plus à une maison traditionnelle qu'à une école. Construite en 1321, la **médersa Sahrij**, souvent négligée par les touristes, est réputée pour les délicates sculptures en spirale de ses murs, qui se reflètent dans le grand bassin à ablutions.

Les souks

Fès est un centre important de production d'artisanat de toutes sortes. En circulant dans la vieille ville, on passe dans les différents souks,

chacun consacré à un seul métier ou produit.
Les épices sont la spécialité du **Souk Attarine★**,
les tissus celle de la **Kissaria**, les babouches
traditionnelles celle du **Souk Chéryabine**. Le
couronnement d'une visite de Fès est le **Souk des
Teinturiers**, labyrinthe désordonné d'échoppes
noircies où des ouvriers à moitié nus sautent
entre les chaudrons de teinture bouillonnants
avec une agilité juvénile. C'est dans le quartier en
contrebas de Seffarine que l'on voit les **tanneurs**,
qui utilisent comme les teinturiers l'eau de la
rivière. C'est un spectacle saisissant, tout comme
l'odeur du quartier, qui provient de la mixture
à base de fientes de pigeon employée pour
assouplir le cuir.

A la sortie des vasques de teinture, les peaux
sont mises à sécher plusieurs jours sur les coteaux
environnants.

Dans le **Souk Nejjarine**, souk des menuisiers,

*Ces vasques
circulaires servent
à teindre les peaux
avant de les mettre
à sécher sur les
coteaux avoisinants.*

les artisans travaillent le bois de cèdre. Au bout de la rue, on découvre la paisible **Place Nejjarine**★★, avec sa fontaine du 18ᵉ s. qui alimente toujours en eau les ateliers et boulangeries du quartier.

La **Zaouïa de Moulay Idriss**★★ est un des lieux les plus sacrés du Maroc. Ce sanctuaire renferme le tombeau de Moulay Idriss II, fondateur de Fès. Les non-musulmans ne peuvent pas entrer, mais de la barrière en bois qui en délimite l'enceinte, ils peuvent jeter un coup d'œil au somptueux intérieur. Les photographies sont interdites. On dit que les personnes autorisées à entrer seront bénies par l'âme du grand souverain et jouiront d'une chance *(baraka)* éternelle.

Autrefois la plus grande mosquée d'Afrique du Nord, la **Mosquée Karaouiyne**★ est pratiquement cachée à la vue des non-musulmans, mais on en a de merveilleux aperçus par ses quatorze portes, dont dix sont ouvertes le vendredi. Fondée en 859 par Fatima el Fihri, à la mémoire de son père tunisien, c'est le lieu le plus sacré du Maroc. Elle abrite la plus grande université du monde arabe ancien. Chaque dynastie y a apporté sa contribution au fil des années. Le minaret de 956 en est la construction la plus ancienne. Quelques classes religieuses ont toujours lieu dans la cour de la mosquée, et on considère sa bibliothèque musulmane comme l'une des plus riches du monde.

Pour le prix d'un thé à la menthe, on bénéficie des meilleures vues sur la médina et la Karaouiyne du haut du *Palais de Fès*, palais du 19ᵉ s. converti en magasin de tapis, restaurant et café.

La **Mosquée des Andalous**★ fut bâtie en 860 par Miriam, sœur de Fatima qui a construit la Mosquée Karaouiyne. Les Almohades la complétèrent au 13ᵉ s. par une porte monumentale. Elle n'est pas ouverte au public.

Fès-Jdid

Construite en 1276 par les Mérinides, « Fès la Nouvelle » a été capitale du Maroc pendant des siècles, jusqu'à ce que les Français établissent le gouvernement à Rabat. Du 14e s., **Bab Dekakène** (Porte du Tribunal), impressionnante entrée fortifiée de Fès-Jdid, est ainsi nommée car c'est là que les criminels étaient jugés, pendus, et parfois même empalés en avertissement aux futurs mécréants.

La ville est dominée par le **Dar el Makhzen**, le plus grand des Palais Royaux du Maroc, fermé aux visiteurs. C'est de la **Place des Alaouites** qu'on en a la vue la plus saisissante.

Fès a abrité des milliers de réfugiés juifs qui avaient fui l'Inquisition espagnole. Leur quartier s'appelait le **Mellah**, mot qui veut dire sel, car c'était aux juifs que revenait la tâche de vider et saler les têtes des ennemis du Sultan avant qu'on les expose aux portes de la ville. La majorité des 17 000 habitants juifs du Mellah émigrèrent en Israël après le conflit israélo-arabe de 1967. Seul souvenir de leur présence, un émouvant cimetière juif, dont les tombes blanches témoignent d'une communauté autrefois très présente.

A la fin du 19e s. Hassan Ier fit construire le vaste **Palais Dar Batha**★ et mourut peu de temps après. Les bâtiments abritent aujourd'hui un **Musée des Arts et Traditions**★, avec de belles collections présentées un peu au hasard : tapis, bijoux berbères, délicate poterie de Fès, Corans enluminés, bois de cèdre sculpté, armes à feu, sculptures et pierres gravées, pièces de monnaie. On y donne des concerts en été.

Au sommet des collines du Nord de la ville, les **Tombeaux mérinides** abritaient autrefois les dépouilles des sultans de cette dynastie. On a de cet endroit un des plus beaux **panoramas**★★★ sur la vallée. On voit bien les monuments et les contours de la ville, avec en contrebas l'animation

fébrile de la médina. Sur la même colline se dresse la forteresse du **Borj Nord**, construite au 16ᵉ s. par le Sultan El Mansour pour se protéger des autochtones. Elle renferme un musée militaire. De là aussi on a une vue spectaculaire sur la vallée.

Vue des collines, la ville de Fès au crépuscule.

Remparts et minaret de la Mosquée Lalla Aouda, d'où seuls les muezzins eunuques pouvaient lancer l'appel à la prière.

Meknès★★

Fondée au 10ᵉ s. par la tribu berbère des Meknassa, Meknès connut son heure de gloire 700 ans plus tard, quand le Sultan Moulay Ismaïl décida d'y installer sa nouvelle capitale. Conservant en l'état, pour l'essentiel, l'ancienne **médina★★** fortifiée, il construisit sa capitale impériale au Sud, employant pour cela 50 000 esclaves berbères et européens.

Moulay Ismaïl tient une bonne place dans le folklore marocain. Il avait 500 concubines et d'innombrables enfants. Il défendit impitoyablement son territoire contre les envahisseurs étrangers. Pour se protéger, il avait engagé une garde de 25 000 esclaves noirs, dont

les descendants appartiennent encore aujourd'hui
à la garde personnelle du roi. En dépit de son
règne entaché de cruauté et de tyrannie, l'œuvre
politique et les conquêtes militaires de Moulay
Ismaïl demeurent impressionnantes.

Dar Kebira

Une grande partie du vaste **Dar Kebira**, ou Ville
Impériale, bâti par Moulay Ismaïl, est aujourd'hui
en ruine. Le grand tremblement de terre de 1755
détruisit le palais royal, et le fils et le petit-fils du
sultan modifièrent beaucoup la ville d'origine.
Lors de son inauguration en 1677, la cité
impériale comptait 50 palais. Il n'en reste
aujourd'hui que des murs impressionnants, 25 km
de hautes murailles de terre, parmi lesquelles
le **Mur Interminable** ou « Mur de la Mort »,
par lequel les prisonniers se rendaient à leur
exécution. Dominant la place centrale de la
médina, la **Place el Hédime, Bab Mansour★★**,
porte triomphale de la cité, porte le nom de son
architecte, un esclave chrétien nommé Mansour
el Aleuj. L'ornementation raffinée et les riches
couleurs des céramiques contrastent avec les
colonnes ioniennes des côtés. Moulay Ismaïl les
avait rapportées des ruines romaines de Volubilis.
Lui-même a été inhumé près des murailles : son
Mausolée★ est ouvert aux non-musulmans ; une
tenue sobre est néanmoins requise. Après une
succession de cours, on découvre la tombe du
Sultan dans une salle chargée de dorures, ornée
avec profusion.

En poursuivant après le Mausolée, on visite
le **Koubbet el Khiyatin**, grande salle utilisée pour
recevoir les ambassadeurs étrangers et pour la
vente aux enchères d'esclaves. A côté se trouve
la « Prison des Esclaves Chrétiens », où, dit-on,
Moulay Ismaïl faisait enfermer pour la nuit les
25 000 esclaves chrétiens qui construisaient sa
grande ville. Selon d'autres sources, les esclaves

n'y auraient jamais vécu et ces passages souterrains servaient d'entrepôts.

Le **Dar el Ma**★, aussi connu sous le nom de Heri as Souani, Greniers Royaux, est un grand bâtiment carré à voûtes, qui contenait autrefois d'immenses réserves de grain. Les salles sont parfois présentées comme étant d'anciennes écuries royales, mais elles sont trop petites pour avoir abrité les 12 000 chevaux que possédait Moulay Ismaïl.

A côté des greniers se trouve le lieu le plus rafraîchissant de Meknès, le **Bassin de l'Aguedal**. C'était un immense bassin qui servait à fournir l'eau et l'irrigation pendant les sièges, et, les jours de canicule, à l'agrément de l'impressionnant harem du sultan. Aujourd'hui, on y vient pique-niquer, se baigner et laver sa voiture.

Au-dehors de la cité impériale se trouvent des vestiges d'époques antérieures ou plus récentes. Construite par le même architecte que celle de Fès, la **médersa Bou Inania**★, sans doute le plus bel édifice religieux du Maroc, est ornée de merveilleuses calligraphies.

Médersa Bou Inania : un bassin occupe le centre de la cour rectangulaire, entourée de hauts murs.

Le **Musée Dar Jamaï★** du 19ᵉ s., qui occupe le palais d'un vizir, possède des collections d'artisanat d'art marocain : céramiques, bijoux, tapis du Moyen Atlas. Le plafond décoré de la somptueuse salle d'audience du vizir est remarquable.

Moulay-Idriss★★

La ville abrite la sépulture de Moulay Idriss Iᵉʳ, descendant direct du Prophète Mahomet. C'est un grand lieu de pèlerinage pour les Marocains. Jusqu'en 1920, tout non musulman découvert dans la ville était exécuté. Aujourd'hui, on peut se promener tranquillement le long des rues aux murs blancs, jusqu'à la barrière en bois qui défend l'entrée du tombeau.

En août ou septembre, la ville accueille la fête la plus importante et la plus colorée du Maroc, le très religieux **moussem** de Moulay Idriss, habituellement ouvert aux non-musulmans.

Volubilis★

Remarquablement conservée, la ville romaine de Volubilis est située dans la plaine fertile au Nord de Meknès. C'était au départ une implantation néolithique. A l'arrivée des Romains, au premier siècle avant J.-C., des Berbères en occupaient le site. En l'an 25 avant J.-C., l'empereur Auguste attribua la Mauritanie à Juba II. Moitié berbère, moitié carthaginois, réputé être un descendant d'Hannibal, Juba épousa la fille de Cléopâtre. Volubilis est célèbre pour les splendides mosaïques de ses maisons, éparpillées sur le site, découvertes par des archéologues français en 1915. Juste en contrebas de l'entrée, la **maison d'Orphée** renferme une mosaïque du héros grec jouant de la lyre. On peut admirer dans les demeures voisines d'autres mosaïques à la gloire de Neptune, Bacchus et Hercule.

Le plan des rues, datant de la ville du 3ᵉ s., est

Mosaïque dans les ruines de la cité romaine de Volubilis.

encore visible aujourd'hui. Au centre s'élèvent la **basilique** et le **temple de Jupiter**, d'où part une avenue qui conduit à un impressionnant **arc de triomphe**, au Nord. La voie principale, le Decumanus Maximus, s'étire d'Est en Ouest, flanqué de part et d'autre par les plus belles demeures, qui abritent des mosaïques plus ou moins bien conservées.

RABAT★★★

Capitale politique depuis 1912, Rabat, à l'allure européenne, est en fait une cité cosmopolite aux aspects variés. C'est sans doute le lieu le plus indiqué pour aborder le Maroc. On y circule facilement, le rythme y est moins frénétique que dans d'autres cités marocaines, mais la ville possède aussi d'impressionnants monuments de l'époque impériale.

Les constructions les plus imposantes de Rabat se dressent aux abords de l'estuaire du Bou Regreg. Construite pour commémorer les victoires de Yacoub El Mansour en Espagne, la **Tour Hassan★★** devait au départ devenir la plus grande mosquée du monde. Commencés vers 1195, les travaux cessèrent à la mort d'El Mansour en 1199.

Vue de Rabat, de l'estuaire du Bou Regreg.

Seule la tour demeure, témoignage de ce projet grandiose. Le minaret haut de 44 m arbore de belles décorations de pierre, différentes sur chaque côté. L'immense toit de la mosquée s'est effondré durant le grand tremblement de terre de 1755, mais quelque 312 colonnes tronquées demeurent, images de la démesure impériale.

Au Sud de la Tour, on visite le **mausolée de Mohammed V**★, décédé en 1961, le père du roi actuel. Ce bâtiment fastueux, reconnaissable à son toit pyramidal recouvert de tuiles vertes et surmonté de trois sphères d'or, est l'œuvre de l'architecte vietnamien Vo Toan. A l'intérieur, le tombeau est un impressionnant chef-d'œuvre orné de marbres, d'onyx, de stucs, de décors de cuivre et de cèdre sculpté.

A l'embouchure de l'estuaire de Salé se dresse la **Kasbah des Oudaïas**★★, bâtie au 12ᵉ s. par les Almohades. On y pénètre par la grandiose **Bab Oudaïa**★★, qui n'impressionne pas tant par sa taille ou son décor travaillé que par l'équilibre et l'harmonie de ses proportions. La rue Jemaa mène à une terrasse qui domine l'Atlantique, avec des **vues** sur le large. Dans un angle de la place se trouve un petit atelier de fabrication de tapis où les femmes montrent les techniques de tissage.

Les Mérinides se sont détournés de l'architecture almohade pour mettre en avant leur propre style. Le **Chellah**★★ abrite les ruines les plus romantiques du Maroc, dispersées dans un jardin tropical peuplé de cigognes blanches. On y découvre les vestiges de l'ancienne Sala Colonia romaine, et la tombe du puissant chef mérinide El Hassan, le « Sultan Noir ». C'est un lieu magique. Près des tombeaux, un bassin assure, dit-on, la fertilité à ceux qui offrent des œufs à la coque aux anguilles.

Musées

Rabat possède plusieurs musées dignes d'une

capitale. A l'intérieur de la kasbah, l'ancien palais de Moulay Ismaïl renferme maintenant le **Musée des Arts Marocains★** et ses collections de poteries, costumes, instruments de musique, armures et bijoux, ainsi que des reconstitutions de cérémonies de mariage fassie (Fès) et r'batie (Rabat). A la sortie, prendre un verre au café maure permet de profiter d'un des plus beaux jardins du Maroc.

En ville, le **Musée Archéologique★** abrite de fascinantes antiquités de Volubilis, parmi lesquelles une collection unique de statues en bronze, avec des bustes de Juba II et Caton datant de plus de 2 000 ans. Y sont également exposées d'importantes découvertes provenant de la ville romaine de Sala Colonia, et des objets provenant du Taforalt et des sites néolithiques de Skhirat et Harboura.

Faire des achats à Rabat est un délice. La **médina** est animée et accueillante. La **rue des Consuls★** est bordée de marchands de tapis : ceux de Rabat sont probablement les plus beaux du Maroc. Le **Souk es Sabet**, couvert, est spécialisé dans le travail du cuir repoussé garni d'or. Tout autour, on découvre des souks spécialisés, qui vendent des objets artisanaux.

De l'autre côté de l'estuaire, **Salé★★** a été autrefois l'un des plus redoutables repaires de pirates d'Afrique. Derrière la médina se dressent la **Grande Mosquée** et la **médersa**, construites en 1341 par El Hassan. L'entrée de la mosquée est interdite aux non-musulmans, mais on visite la médersa. Du toit, on a une vue superbe sur l'estuaire et sur la ville de Rabat.

Au Sud de Rabat

Vers le Sud, le long de la côte atlantique, s'étire une succession de longues plages de sable et de petites stations balnéaires. Les plages les plus fréquentées se trouvent au Sud de Rabat : **Temara**

et **Skhirat-Plage**, où se trouve le palais d'été du roi
Hassan, attirent les vacanciers élégants. Les
courants étant très forts le long de la côte
atlantique, la prudence est recommandée aux
baigneurs.

Plus au Sud, on rencontre le port majestueux
d'**El-Jadida**★★ et sa médina couleur de sable.
On descendra quelques marches pour visiter
la remarquable **Citerne Portugaise**★★. Le
réservoir ne contient aujourd'hui que quelques
centimètres d'eau, ce qui permet d'en admirer
la merveilleuse chambre voûtée. Les rais de
lumière en provenance de la lucarne centrale
y créent des dessins féeriques. Orson Welles
s'en servit pour son film *Othello* en 1949.
On peut aussi monter sur les larges remparts
portugais qui surplombent la médina et
l'Atlantique.

On découvre une des plus belles plages de la
côte à la sortie d'**Azemmour**, petit port de
pêcheurs aux maisons blanches blotti sur les
berges de l'**Oum-er-Rbia**. Du haut des remparts
battus par les vents, on voit la côte par temps clair
jusqu'à Casablanca.

*Grâce aux rais
de lumière qui
pénètrent la Citerne
Portugaise, l'eau
reflète les voûtes
d'arêtes des nefs.*

LE MOYEN ATLAS

A 60 km au Sud de Fès, la chaîne montagneuse du Moyen Atlas est une succession de pentes couvertes de cèdres, d'escarpements rocheux, et de grands plateaux calcaires parsemés de lacs aux eaux fraîches. Au centre de la région se trouve **Beni-Mellal★**, ville moderne de 100 000 habitants en rapide expansion, située au cœur d'un paradis d'orangeraies et d'oliveraies. Les plus beaux circuits de la région conduisent au Sud de Fès le long des **vallées de Sefrou★** et **d'Ifrane★**. Celle d'Ifrane, la plus belle, s'élève jusqu'à la ville d'**Imouzzèr-du-Kandar**, où des pistes en terre mènent à un chapelet de petits lacs. Au Sud, Ifrane a été fondée par les Français en 1929 pour accueillir les citadins pendant les fortes chaleurs d'été, avec sa fraîche et odorante brise de montagne. C'est aussi un centre de sports

L'ambiance de la station de montagne d'Ifrane rappelle les Alpes.

d'hiver avec la station de **Mischliffen**★, équipée simplement.

D'Ifrane à Azrou, la route qui descend vers le plateau offre des vues spectaculaires des montagnes. **Azrou**★ est une bourgade tranquille bâtie sur une pente boisée près de l'excroissance rocheuse qui lui donne son nom (*azrou* = rocher). Elle est célèbre pour ses objets décoratifs en bois, que présente la **Maison de l'Artisanat**.

Moins densément peuplée, la vallée de Sefrou possède peu de villes, mais il faut voir la vieille cité fortifiée de Sefrou. A **Aïn-Leuh**, au cœur des **forêts de cèdres**★★, on rencontrera sans doute des familles de singes **magots**. Mais attention, ils n'aiment pas qu'on les approche, et lancent volontiers des projectiles sur les personnes qui s'aventurent trop près.

En suivant la P. 24 vers le Sud, qui passe de nombreux ruisseaux et sources, on rejoint après environ 35 km les sources de l'une des plus grandes rivières du pays, l'Oum-er-Rbia. Au pied des montagnes du **Jbel Ayachi, Midelt**, réputée pour sa fabrique de tapis, est une halte commode. Les conducteurs aventureux seront tentés de poursuivre vers l'Ouest sur la route 3424 jusqu'au **cirque de Jaffar**★. En récompense de ce parcours périlleux, la piste rustique qui grimpe à 3 700 m d'altitude offre des vues spectaculaires.

Le seul passage naturel entre Moyen Atlas et Rif oriental est le **col de Taza**. Comme l'imposait sa situation stratégique, **Taza**★ est une ville puissamment fortifiée. Les remparts almohades du 12e s. sont longs de 3 km. Elle est relativement peu touchée par le tourisme. Il y a un intéressant **souk berbère** dans la **médina**★. Taza est la porte du **Parc National du Jbel Tazzeka**, dont les hauteurs boisées font le bonheur des randonneurs.

Famille de magots.

MARRAKECH
ET LE HAUT ATLAS

Cité dynamique et passionnée, Marrakech est le
cœur culturel du pays. Destination touristique
favorite du Maroc, elle reste une ville envoûtante,
à l'architecture magnifique, aux souks
enchanteurs et aux immenses palmeraies.

A l'Ouest s'étire la côte atlantique avec le joli
port d'**Essaouira**. Au Sud se dresse la barrière du
Haut Atlas, qui porte le nom du géant mythique
condamné par Jupiter à soutenir le ciel aux
confins du monde. Cette région de montagnes
est unique au Maroc : loin de tout, les hameaux
berbères y sont souvent isolés par la neige en
hiver. Y habitent surtout des éleveurs de moutons,
qui vivent chichement dans des conditions
souvent rudes. Protégés du tourisme, ces gens
sont parmi les plus ouverts et les plus amicaux
du pays.

MARRAKECH★★★

La cité fut construite au 11ᵉ s. par les Berbères
almoravides pour servir de base à la conquête
et au pillage de l'Europe et de l'Afrique orientale.
Elle reste aujourd'hui la porte de l'immensité
africaine qui s'étend vers le Sud.

Le cœur de Marrakech est la **Place Jemaa el
Fna**, gigantesque esplanade qui est restée à
ce jour l'un des derniers cirques de plein air
improvisé du monde. Acrobates bondissants,
danseurs, musiciens, charmeurs de serpents,
singes sautillants, jongleurs, conteurs et écrivains
publics s'y disputent l'attention du visiteur. Le
meilleur moment pour s'y rendre est le coucher
du soleil. La place devient alors un restaurant
de plein air : des cuisines ambulantes proposent
légumes frits ou grillés, poulet, poisson, mouton,
et entre autres merveilles la soupe de tête de

La Place Jemaa el Fna, animée tout le jour et jusque tard dans la soirée.

chèvre. Le nom de Jemaa el Fna signifie « assemblée des défunts », car selon certains, les criminels étaient exécutés à cet endroit au 13ᶜ s. Pour bien profiter de ce désordre pittoresque, prendre une table à la terrasse du café de la Place ou au café Glacier.

Au Sud de la place se dresse le symbole de Marrakech, le **Minaret de la Koutoubia★★★**, construit en 1158 par les Almohades. La Koutoubia doit son nom aux *kutubbïyin*, libraires et relieurs établis à son pied au 12ᶜ s. Cette tour élégante a servi de modèle de base à

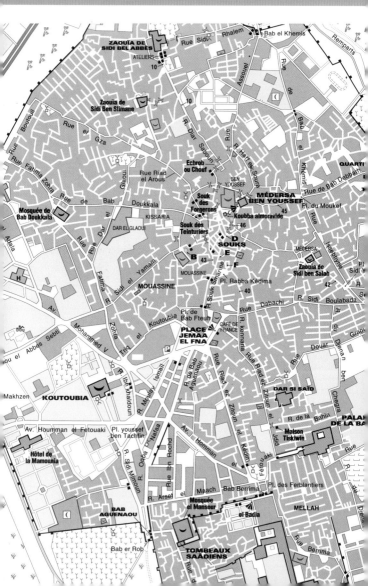

ZAOUÏA DE
SIDI BEL ABBÈS
ATELIERS
10

Zaouïa de
Sidi Ben Slimane

Rue Sidi Rhalem

Bab el Khemis

Remparts

Rue de

Rue Assouel

10

Rue el Gza

R. Diar Saboun

R. Hajj es Sours

Bab

Rue de Bab Debbarh

QUARTI

Echrob
ou Chouf

BEN
YOUSSEF

MÉDERSA
BEN YOUSSEF

Rue Riad
el Arous

Souk
des
Forgerons

Koubba almoravide

45

Pl. du Moukef

Mosquée de
Bab Doukkala

Rue de Bab Doukkala

KISSARIA

DAR EL GLAOUI

Souk des
Teinturiers

46

D
SOUKS
E

MÉDERSA

Zaouïa de
Sidi ben Salah

42

Rue Sidi Boulabada

B
43

F

R. Souk Smarine

Mouassine

Pl. Rabba Kédima

40

MOUASSINE

Rue Dabachi

Pl. de
Bab Fteuh

CAFÉ DE
FRANCE

PLACE
JEMAA
EL FNA

R. Kennaria

Rue Riad el Z

DAR SI SAID

R. de la
Bahia

PALAI
DE LA BA

Makhzen

KOUTOUBIA

Tirq Mohammed V

Av. Houmman el Fetouaki

Pl. youssef
ben Tachfin

Maison
Tiskiwin

Hôtel de
la Mamounia

Av. Houmman

Mosquée
el Mansour
el Badia

Bab Berrima

Pl. des Ferblantiers

MELLAH

BAB
AGUENAOU

Bab er Rob

TOMBEAUX
SAÂDIENS

Avec ses 70 m, le minaret de la Koutoubia est le monument le plus haut de Marrakech.

tous les minarets marocains. Elle a été copiée de nombreuses fois dans tout le pays, y compris pour la nouvelle mosquée Hassan II à Casablanca.

La médina★★★ et ses souks★★

La médina de Marrakech est un dédale chaotique et coloré de ruelles et de cours reliant entre elles des quartiers consacrés à l'artisanat traditionnel du Maroc et à son commerce. L'ambiance y est légèrement plus exotique que celle des souks de Fès. Les objets artisanaux y ont une saveur africaine. Le souk des apothicaires, **Rhaba Kédima**, propose lézard, porc-épic, serpent ou hérisson séchés, ingrédients subtils qui permettent aux acheteurs de concocter leurs propres philtres d'amour.

Plan de Marrakech.

Aux abords des souks se trouvent des bâtiments

On vend de tout dans les souks de Marrakech, du philtre d'amour aux babouches.

religieux plus austères. La **médersa** et la **mosquée Ben Youssef★★** furent commencées par les Mérinides au 14ᵉ s., puis remplacées par les Saadiens au 16ᵉ s. Avec ses 900 étudiants, cette école coranique était la plus importante du Maroc. Le bâtiment semble gigantesque en comparaison des petites médersas de Fès.

A proximité se tient la **Koubba Ba'Adiyn** ou koubba almoravide, du 12ᵉ s., unique monument almoravide de la ville. Ce petit sanctuaire recouvert d'un dôme frappe par sa sobriété. Agrémenté de reliefs sculptés, de créneaux et d'arcs (polylobés ou en plein cintre outrepassés), il illustre des formes et concepts architecturaux repris partout dans le pays.

Les Palais

Marrakech est une ville de palais. Le plus ancien est le **Palais El Badia**, construit par El Mansour. A son achèvement en 1603, c'était le plus beau palais d'Afrique, décoré des plus fins marbres d'Italie. Quand, s'attendant à des louanges, le sultan El Mansour demanda à son bouffon ce qu'il pensait du palais, ce dernier répondit qu'il ferait une belle ruine. Cent jours après le sultan était mort, et Moulay Ismaïl avait dépouillé le palais de tous ses ornements pour

Il ne reste du Palais El Badia, autrefois somptueux, que des murs en ruine, mais leur dimension impressionne encore aujourd'hui.

Les Tombeaux Saadiens, sépulture d'El Mansour et de plusieurs membres de sa famille.

embellir Meknès. Il n'en reste pas grand-chose hormis de grands murs rouges. C'est là qu'a lieu en juin chaque année le Festival National du Folklore, célèbre dans le monde entier.

El Mansour est inhumé près du palais, dans les **Tombeaux Saadiens★★★**. Moulay Ismaïl avait détruit El Badia, mais n'osant raser les tombeaux, par crainte d'irriter l'esprit d'El Mansour, il les emmura derrière une immense paroi. En 1917, l'armée française découvrit leur existence lors d'une reconnaissance aérienne. On creusa une galerie pour en permettre l'accès au public. Il vaut mieux s'y rendre tôt le matin ou en fin de journée afin d'éviter la foule qui se presse dans ce lieu très visité au Maroc.

En contournant El Badia on aperçoit le **Palais de la Bahia★★**, qui servit de résidence au maréchal Lyautey, gouverneur français à l'époque du protectorat. Bâti en 1894, la Bahia signifie « la brillante ». Bien qu'il ne reste environ qu'un tiers du palais d'origine qui tombe élégamment en ruine, on peut en visiter les luxueux appartements, et traverser la cour pour profiter du ravissant jardin andalou.

A Marrakech, il faut visiter le **Musée des Arts Marocains★**, qui occupe l'ancien palais de Si Saïd, frère du vizir qui avait construit la Bahia. Ses collections comprennent objets sculptés en cèdre, cuivres, poteries, et une gamme étendue de tapis de l'Atlas et de bijoux berbères.

Jardins et remparts★

Les habitants de Marrakech possèdent quelques-uns des plus beaux jardins du monde. Le plus attrayant est sans doute le **Jardin Majorelle★**, éden tropical créé par le peintre français Jacques Majorelle, qui y vécut de 1922 à 1962. Le jardin a été acheté en 1978 par le grand couturier Yves Saint-Laurent.

Conçu autour d'un immense bassin central alimenté par des canaux provenant du Haut Atlas, le **Jardin de la Ménara** est le plus grand parc de la ville. Avec pour toile de fond la palmeraie et la barrière montagneuse du Toubkal, le petit pavillon Menzeh bâti par le Sultan Sidi Mohammed forme un tableau superbe. Moins soigné mais plus paisible, le **Jardin de l'Aguedal**★ aligne sur 3 km ses vergers d'orangers, de figuiers, de citronniers et d'oliviers. Au cœur du jardin se trouve l'étang **Sahraj el Hana**, « bassin de la santé », appellation ironique quand on sait que le sultan Sidi Mohammed s'y est noyé en 1873.

On peut profiter du jardin du célèbre **Hôtel de la Mamounia** en y sirotant un thé à la menthe rafraîchissant. Reconverti en hôtel dans les années

Le Jardin Majorelle offre son paradis tropical au cœur de Marrakech.

1920, le Palais de la Mamounia servit de décor
en 1956 au film d'Alfred Hitchcock *L'Homme qui
en savait trop*. Ses chemins et parterres de fleurs
odorants sont impeccablement entretenus,
comme il se doit pour un havre fréquenté
autrefois par des hôtes de marque comme
Winston Churchill, ou, plus récemment,
Yves Montand ou Catherine Deneuve.

Autrefois forteresse du désert, Marrakech est
fière de ses impressionnants **remparts**★ du 12ᵉ s.,
qui s'étirent sur 19 km autour de la ville. On
peut faire le tour de ces murailles ocre rouge
en calèche, ou en découvrir une partie à pied,
en faisant halte auprès d'endroits intéressants
comme le souk de **Bab El Khemis** ou les tanneries
de **Bab Debbarh. Bab Doukkala**, côté Ouest,
abrite aujourd'hui une galerie d'art moderne.

ESSAOUIRA★★

On a trouvé sur la côte des traces de la présence
des Phéniciens et des Romains, mais ce sont les
Portugais qui ont établi à la fin du 15ᵉ s. le port
commercial et militaire de Mogador. En 1765, on
demanda à l'architecte français Théodore Cornut
d'établir le plan de la ville. On voit toujours ce
tracé urbain à la française. C'est à cette époque
qu'elle prit le nom d'Essaouira, la « bien
dessinée ».

Avec ses bâtiments typiques blanchis à
la chaux aux portes et volets bleus, c'est un
endroit charmant. Le port grouille de petits
bateaux de pêche. Les longues plages de sable
attirent les véliplanchistes du monde entier.
Il y a peu de monuments, mais la meilleure
façon de goûter cette ville enchanteresse est de
déambuler le long des rues, et notamment des
souks★, où on travaille le bois de thuya foncé et
noueux. On peut se promener sur les **remparts
de la Skala**★, qui offrent des vues sur les îles

et la plage. L'endroit le plus animé est le **port de pêche**★, où les chalutiers vont et viennent, débarquant leur cargaison parmi les cris des mouettes. Des stands permettent de goûter les produits de la mer fraîchement pêchés et grillés.

A environ 10 km au Sud du port s'étirent la plage et les dunes splendides de **Diabat** (piste sur les 4 derniers km). En marchant le long de la plage vers les ruines de l'ancien fort, on rejoint un secteur moins fréquenté et plus propre.

Construction de bateaux de pêche au port d'Essaouira.

LE HAUT ATLAS

Montagnes vertigineuses, vallées spectaculaires et torrents impétueux caractérisent la région du Haut Atlas. Ici, la Vallée de l'Ourika, à l'Est du Jbel Toubkal.

Avec ses pics élancés qui narguent les nuages et ses minuscules villages berbères vaillamment accrochés à flanc de montagne, le Haut Atlas est isolé du reste du Maroc. Le tourisme est une activité très récente dans la région : l'environnement et les traditions de ce pays altier doivent être abordés avec d'infinies précautions.

Dans le Parc National du Toubkal, au cœur du Haut Atlas, s'élève le **Jbel Toubkal★★**, troisième sommet d'Afrique. Son ascension prend deux jours. C'est plus une randonnée pour marcheurs entraînés qu'une véritable course de montagne pour alpinistes.

A l'Est du mont Toubkal, l'étroite **Vallée de l'Ourika★** coupe au travers du Haut Atlas. Ses flancs sont recouverts de cultures en terrasses, irriguées par l'eau de fonte des neiges d'altitude. Pour échapper à la chaleur de Marrakech, une excursion classique consiste à suivre cette fraîche vallée fertile jusqu'au village de montagne de **Setti-Fatma** ; le dernier kilomètre se fait sur

une piste de cailloux. Longeant des habitations, elle mène à une série de sept cascades qui se jettent dans de profondes piscines.

Autre excursion au départ de Marrakech, la route d'**Oukaïmeden**★★, au départ de la S 513. Ce circuit spectaculaire serpente le long d'un torrent et longe des villages berbères en gravissant des canyons vertigineux. Oukaïmeden est une excellente station de sports d'hiver. En été, c'est un départ de randonnées. Les **gravures rupestres** préhistoriques méritent une visite.

Cols de Tizi-n-Test★★ et Tizi-n-Tichka★★

Deux routes rejoignent le Sud en traversant le Haut Atlas au départ de Marrakech. Le col de **Tizi-n-Test** se trouve au Sud-Ouest de la ville. La route monte d'**Asni** à **Ouirgane** et suit la haute vallée du Nfiss. C'est là qu'on découvre au-dessus de l'oued Nfiss, les ruines mystiques de la **Mosquée de Tinmel**★, qui semble minuscule au pied des cimes. Édifiée en 1153 par la dynastie almohade intégriste, ce sanctuaire dédié à son fondateur Ibn Toumert se transforma en forteresse en 1276 lors d'un siège mené par les Mérinides. Ils détruisirent la ville almohade mais, craignant l'esprit d'Ibn Toumert, épargnèrent la mosquée. La mosquée sert toujours, malgré ses murs en ruine et son absence de toit.

La route gravit une pente abrupte en suivant des virages sur environ 30 km jusqu'au col de Tizi-n-Test. La vue y est grandiose mais malheureusement souvent noyée de brume.

Tout aussi spectaculaire, le col de **Tizi-n-Tichka** au Sud-Est de Marrakech culmine à 2 260 m. La route serpente en montant à travers la forêt jusqu'aux hauteurs désolées du col. Cette traversée forcément mémorable mène par l'autre versant jusqu'à Ouarzazate.

La vie dans la montagne : Les Berbères

Les Berbères d'Afrique du Nord sont un peuple mystérieux, originaire, pense-t-on, de la Libye antique. Avec 60 % de sa population, le Maroc compte le plus fort pourcentage de Berbères d'Afrique du Nord. On parle plus d'un millier de dialectes berbères différents dans le pays, variations des trois dialectes berbères principaux. Près de la moitié des Berbères marocains n'a pas appris l'arabe en première langue. Dans certaines régions éloignées, on comprend assez peu le français, ou même l'arabe.

Les tribus berbères les plus traditionnelles vivent dans le Haut Atlas. Leur isolement est extrême. Aucune puissance extérieure ne les a gouvernées pendant plus d'un millénaire, et elles poursuivent leur existence en marge de l'État marocain, sans recevoir de subventions ni payer d'impôt.

La famille est la pierre angulaire de la vie berbère. Chaque foyer - chaque tente - s'organise de façon indépendante, mais en période de moisson ou en cas de conflit les familles nouent des alliances pour soutenir la communauté villageoise. Leur économie traditionnelle, fondée sur l'agriculture et le commerce, s'est maintenue jusqu'à aujourd'hui.

Les populations berbères ont été converties à l'Islam dès le 8ᵉ s. Celles de l'Atlas sont restées plus attachées aux croyances anciennes. On remarquera les étranges formes géométriques dessinées sur les murs des villages, sorte d'yeux magiques qui éloignent les mauvais esprits. Les lois tribales anciennes y ont plus de crédit que le code musulman.

Mais même les villages perdus du Haut Atlas sont en mutation. Les tentes font place à des constructions de fortune, les enfants vont à l'école, les jeunes partent à la ville. On assiste à la disparition rapide de tout un mode de vie ancien. Il reste à espérer que le contrôle de la vague touristique permettra de sauvegarder les traditions berbères du Maroc.

Encadré à gauche : homme d'une tribu berbère.
A gauche : montagnard près d'Imilchil.
A droite : jeune Berbère.

L'interminable plage de sable d'Agadir attire les amoureux du soleil.

Au Sud du Maroc, le visiteur rencontre le désert dont on rêve : oasis-palmeraies luxuriantes, immenses dunes à perte de vue, caravanes de chameaux menés par des « hommes bleus ».
La plupart des touristes s'arrêtent à la station balnéaire d'Agadir, mais les plus belles choses sont à découvrir dans les villages et oasis de l'intérieur.

AGADIR★

Première station balnéaire du Maroc, Agadir accueille chaque année des centaines de milliers de passionnés du soleil. C'est aussi une bonne base de circuits pour découvrir la région. On peut lézarder sur ses plages immenses, danser toute la nuit dans ses innombrables discothèques. Les sportifs pourront pratiquer un large éventail de sports nautiques, et aussi faire une randonnée à dos de chameau sur le rivage.

Agadir n'a pas grand-chose à offrir en matière de curiosités historiques, elle a été entièrement reconstruite. Le 29 février 1960, juste avant minuit, la ville a été ravagée par un grand tremblement de terre. 15 000 personnes y ont trouvé la mort. Pour enrayer le choléra, les décombres et les corps ont été ensevelis sous un immense tertre, et une nouvelle ville a été bâtie au Sud.

Surplombant le port, la vieille **kasbah**★ est l'unique vestige de l'ancienne ville. Cela vaut la peine d'y monter malgré la pente raide, la vue est belle sur les montagnes vers le Nord, et sur la ville au Sud. Le long de la **rue de la Corniche**, on passe devant le tumulus de l'**Ancien Talborj**, qui marque l'emplacement où des milliers de corps ont été ensevelis. La plage, sensationnelle, est l'une des plus sûres de la côte atlantique, mais même ici on doit se méfier des courants sous-marins. A l'extrémité se trouvent bars et cafés. Les hôtels fleurissent le long de la côte.

Ci-dessus : Le village d'Agard-Oudad, blotti au pied du « Chapeau de Napoléon ». A droite : Les rochers peints de Jean Verame.

TAFRAOUTE★★★

Au cœur des montagnes de l'Anti-Atlas à 145 km
au Sud-Est d'Agadir, la région de Tafraoute est
connue pour ses paysages de rochers fantastiques
et ses petits villages colorés accrochés aux falaises.
La route de Tafraoute, qui réunit en un contraste
saisissant oasis verdoyantes et flancs de montagne
desséchés, est l'une des plus belles du Maroc.
Construite auprès d'une grande oasis, la ville
n'est qu'une bourgade, mais c'est une base
commode pour explorer la région et ses
nombreux petits villages. La route S 509 qui
conduit au Nord du bourg offre des vues
spectaculaires sur la vallée des Ameln, surtout
en février, lorsque les amandiers sont en fleur.

Au Sud de Tafraoute se trouve **Agard-Oudad★**,
blotti au pied d'une gigantesque pyramide
rocheuse qu'on surnomme ici « Chapeau
de Napoléon ». Environ 10 km plus loin se
dressent les extraordinaires blocs de rocher
que le peintre belge **Jean Verame**, du mouvement
« Land Art », a colorés dans les années 1980
en rouge et en bleu.

TAROUDANNT★

Ville typique du Sud, à 80 km à l'Est d'Agadir,
Taroudannt est célèbre pour ses **remparts**★
fortifiés construits au 16ᵉ s. par les Saadiens.
Parmi les mieux conservés du Maroc, ils sont
mis en valeur par les oliveraies et les orangeraies
qui s'étendent à leur pied. On peut faire le tour
des murailles (5 km) à pied ou en calèche.
Les souks, très animés, regorgent de beaux
objets d'artisanat local, comme les bijoux
berbères en argent ou les pierres calcaires
sculptées par les artistes de Taroudannt. Pour
goûter le summum du luxe, on se rendra
au Sud de la ville à la **Gazelle d'Or**, sans
doute l'hôtel le plus huppé du Maroc
dans son décor d'orangers et d'oliviers.

A l'Est d'Agadir, **Taliouine** (200 km) et
Tazenakht (285 km) feront d'utiles étapes
de nuit entre Agadir et Ouarzazate. Célèbre
pour son safran, Taliouine est une bonne
base de randonnée. A Tazenakht, on peut
acheter des tapis tissés par la tribu
des Ouzguita.

La ville-frontière de Taroudannt, à l'abri de ses formidables remparts.

80

GORGES DU DADÈS★★
ET DU TODRA★★

Aït-Benhaddou★★
(32 km au Nord de Ouarzazate)

Le *ksar* du désert d'Aït-Benhaddou est sans doute l'un des villages les plus visités, photographiés ou filmés du Maroc. On comprend facilement les raisons de son succès. Au milieu de la plaine aride et désolée, cette mosaïque désordonnée de kasbahs avec leurs murs décorés et leurs tours crénelées rouge sombre ressemble à un décor de cinéma. Il est facile de s'y méprendre : la porte principale n'est d'ailleurs pas ancienne, elle a été construite par un studio de cinéma. Cela dit, la bourgade est très accueillante. Les habitants invitent les visiteurs chez eux pour montrer leur production artisanale et offrir du thé. La vallée desséchée est toujours cultivée, mais le tourisme

Les murs rouges d'Aït-Benhaddou recouvrent le flanc dénudé d'une vallée aride.

est maintenant la première source de revenus du village.

Le long de la **Route des Kasbahs★★** qui relie l'oasis de **Skoura★** à **Tinerhir★★** s'étirent des gorges d'une beauté exceptionnelle. A l'Est d'**El-Kelâa-des-Mgouna★**, ville réputée pour ses champs de roses, l'oued Dadès entaille le paysage d'une faille spectaculaire, les **Gorges du Dadès★**. On peut suivre la route trouée de nids de poules qui longe la gorge jusqu'à Msemrir, mais les véhicules 4x4 pourront certainement poursuivre bien plus loin. Les flancs de la gorge et l'ample fond de vallée qui s'ouvre vers l'aval sont émaillés de petites kasbahs familiales. On l'appelle « La Vallée des mille kasbahs ». Après **Aït-Oudinar**, un pont conduit aux gorges.

Plus à l'Est, les **Gorges du Todra★★** sont de dimensions plus réduites, mais tout aussi impressionnantes. La route 6902 traverse au Nord l'oasis de Tinerhir, où une ancienne garnison de la Légion étrangère veille sur une palmeraie dense et superbe. Les ruines de la kasbah du Glaoui dominent la ville à l'Ouest. Dans le spectaculaire canyon, des falaises vertigineuses surplombent de 300 m le lit de la rivière. La route poursuit jusqu'à un petit groupe d'hôtels-restaurants, endroit magique pour passer la nuit.

VALLÉE DU DRÂA★★

En direction du Sud, aux confins du Sahara, c'est l'un des circuits les plus spectaculaires du Maroc. Le **Drâa** prend sa source dans le Haut Atlas pour disparaître ensuite dans les sables du Sahara. Le long de son cours, la vallée offre de splendides paysages émaillés d'oasis-palmeraies et de *ksour,* villages fortifiés bâtis en terre. On est saisi par le contraste entre la riche vallée fertile et les flancs rocheux dénudés de la montagne. Les terres agricoles sont entièrement exploitées grâce à

La vallée du Dadès doit son surnom de « Vallée des Mille Kasbahs » à la multitude de kasbahs qui l'émaillent.

des terrasses et un réseau d'irrigation. Elles font vivre 800 000 habitants.

Aux portes de la vallée s'étend la ville poussiéreuse de **Ouarzazate**, point de ravitaillement avant les circuits dans le désert. La **kasbah de Taourirt★★** est encore en partie habitée, mais plusieurs salles sont ouvertes à la visite.

A partir de Ouarzazate, la route traverse une plaine brûlée de soleil, puis gravit la chaîne du Jbel Sarho jusqu'au village d'**Agdz**, célèbre pour ses tapis de couleurs vives. Les *ksour* les plus impressionnants du Drâa se trouvent à l'Est de la route à **Tamnougalt**. Ici débutent les oasis, succession de palmeraies aux dattiers généreux.

A première vue plutôt poussiéreuse et peu attirante, **Zagora** est une bonne étape pour la nuit, avec son bon choix d'hôtels. Ceux qui disposent d'un peu de temps pourront y explorer les vestiges de l'ancienne cité almoravide. Plus au Sud, **Tamegroute★**, au Sud de Zagora, abrite une médersa avec l'une des rares bibliothèques ouvertes aux non-musulmans, renfermant un Coran du 11ᵉ s. La ville est aussi un centre de poterie artisanale.

On fera une halte à **Tinfou**, de préférence au lever ou au coucher du soleil, pour y admirer

L'imagination la plus romantique verra ses rêves de désert comblés par une excursion dans la grande solitude des dunes.

l'impressionnante dune haute de 20 m. Au bout
de la route se trouve le hameau isolé de **Mhamid**,
autrefois grand marché des tribus nomades et
importante oasis sur la route commerciale du
Sahara. De là, le visiteur peut découvrir les
palmeraies et les *ksour* de Mhamid, et aussi
s'abîmer dans la contemplation du grand
désert qui s'ouvre devant ses yeux.

VALLÉE DU ZIZ★
ET OASIS DU TAFILALT★★

Les oasis de la **Vallée du Ziz★**, au Sud des
contreforts orientaux du massif du Haut Atlas,
sont la terre d'origine de la dynastie des
Alaouites, dont le descendant Hassan II
règne aujourd'hui sur le Maroc.

    Er-Rachidia, capitale de la région, est une
bonne base de circuits. Au Nord, on découvre
les impressionnantes **Gorges du Ziz★★**. Sur la
route d'Erfoud, au Sud, il faut faire un détour
près de Meski, à 23 km d'Er-Rachidia, pour visiter
la rafraîchissante **Source Bleue★**. La bourgade
assoupie d'**Erfoud** est un point de départ pour
l'exploration de quelques-uns des sites naturels les
plus spectaculaires du Maroc : l'**oasis du
Tafilalt★★** célèbre pour son million de palmiers,
et les dunes rouges de l'**Erg Chebbi★★**
à l'Est (la route n'est pas assurée car souvent
ensablée, mais découvrir ces dunes hautes de
150 m mérite qu'on s'y engage).

    Au cœur de l'oasis du Tafilalt se trouvait
autrefois la première ville arabe, et ensuite
musulmane, du Maroc : **Sijilmassa**, un véritable
joyau, qu'alimentaient les caravanes chamelières
du Sahara. Détruite au 19ᵉ s., elle a été remplacée
par la moderne **Rissani**, qui possède un souk
animé. A quelques kilomètres au Sud-Est de
Rissani se trouve le **mausolée★** du premier
souverain alaouite, Moulay Ali Chérif.

FIGUIG★★

Sur la frontière algérienne, à 375 km au Sud
d'Oujda, la ville la plus à l'Est du Maroc est une
des oasis les plus impressionnantes d'Afrique du
Nord. Plus de 200 000 palmiers recouvrent sa
vallée ceinte d'un chapelet de crêtes rocheuses.
En dépit de l'amélioration des voies d'accès,
le manque d'hôtels et la distance importante
par rapport aux grands centres touristiques ont
permis à **Figuig** de conserver son atmosphère
sereine.

　　Au Sud de la ville, la route monte à un point
de vue dominant les sept villages fortifiés qui
composent l'oasis, dont le plus beau est le Ksar
d'**El-Oudarhir**★.

LE SAHARA OCCIDENTAL

A 200 km au Sud d'Agadir, **Guelmim** était
la dernière halte sur la route des caravanes
chamelières qui reliaient le Ghana à la côte
atlantique. Ce centre administratif du désert,
célèbre pour son marché aux chameaux du
samedi, est fréquenté par les « hommes bleus »
du Maroc, ainsi nommés parce que leurs robes
bleues, teintées à l'indigo, déteignent sur leur
peau. Le marché a lieu aujourd'hui surtout à
l'intention des touristes, que les cars amènent
en foule dans la ville. On vend les chameaux
plus pour leur viande que comme animaux
de bât pour caravanes, et il y a plus de chances
que les « hommes bleus » soient des habitants
habillés en bleu pour l'occasion. Mais cela
demeure un spectacle haut en couleur. Le reste
de la semaine, Guelmim retrouve un rythme plus
calme.

　　Le Sahara occidental a longtemps été une
zone de conflits. Les rebelles du Polisario,
soutenus par l'Algérie, s'en sont disputé le

territoire au Maroc jusqu'à la signature d'un accord de paix en 1989. Aujourd'hui la région s'ouvre peu à peu au tourisme. Malgré ces efforts, on remarque toujours la présence des Nations-Unies. La ville principale de la région est **Lâayoune**, qui propose excursions dans le désert, excellentes partie de pêche en mer, et plages désertes sur l'Atlantique. Elle possède quelques hôtels de première catégorie, souvent complets car réservés pour le personnel des Nations-Unies. C'est là que le roi Hassan II s'est rendu en procession avec 250 000 citoyens lors de la *Marche Verte* de 1975, pour revendiquer la région pour le Maroc.

Aux confins du désert, le marché de Guelmim, fréquenté par les « hommes bleus », attire aussi les touristes.

CLIMAT

Le Maroc a longtemps eu la réputation d'être
«un pays froid au soleil brûlant». Ce contraste
des températures pourra surprendre certains,
mais dans le Haut Atlas le thermomètre peut
tomber à -10 °C en hiver, alors qu'en été, il
dépassera régulièrement 50 °C au Sahara
occidental. Les inondations sont fréquentes
dans les montagnes du Rif, mais certaines
implantations aux abords du Sahara n'ont
pas vu la pluie depuis plus de dix ans.

La meilleure période de l'année pour visiter
le Maroc est l'automne ou le printemps, quand
les risques de pluie sont moindres et que la
température est encore agréable. Cependant,
le moment choisi dépendra essentiellement de
la région que l'on souhaite visiter. Dans la moitié
Nord du pays, les hivers sont humides et doux
le long des côtes, mais dans les montagnes les
températures chutent en dessous de zéro. Les étés
dans le Nord sont très chauds et très secs. Au Sud

*Coucher de soleil
sur Tafraoute.*

dans le désert il fait chaud toute l'année, avec des températures pouvant atteindre 45 °C, et les pluies, rares, sont quasiment - sinon totalement - inexistantes en été.

HÉBERGEMENT

Le Maroc ne manque pas de lieux d'accueil, avec un éventail de possibilités qui va de l'hôtel de grand luxe au refuge de montagne abritant le randonneur pour la nuit. Dans la fourchette supérieure, les hôtels sont classés de une à cinq étoiles, et leurs tarifs sont réglementés par le ministère du Tourisme. Cependant, à moins de se contenter d'un confort rudimentaire, il est préférable de s'en tenir aux établissement classés 3 étoiles ou au-dessus, qui répondent mieux aux normes occidentales de qualité.

Fourchettes de tarifs indicatifs par nuit et par personne (en dirham, unité monétaire du Maroc) :

5 étoiles : 600 à 2 300 DH
4 étoiles : 350 à 700 DH
3 étoiles : 250 à 400 DH
2 étoiles : 150 à 300 DH
1 étoile : 70 à 200 DH

Les hôtels non classés, généralement dans la médina, sont encore moins chers mais offrent une moindre sécurité et souvent peu de confort moderne. Les familles intéressées par des hébergements à prix raisonnables sur la côte peuvent opter pour un appartement dans un des complexes proposés dans les stations. Les jeunes de 13 à 30 ans peuvent suivre la formule des auberges de jeunesse ou des centres d'hébergement pour jeunes touristes. La Fédération Royale des Auberges de Jeunesse Marocaines est affiliée à la Fédération Internationale des Auberges de Jeunesse.

Des listes d'hôtels, auberges de jeunesse, refuges et centres d'hébergement sont disponibles à l'Office National Marocain du Tourisme.

ADRESSES RECOMMANDÉES
Fès

Hôtel Palais Jamaï *(Bab El Ghuissa ☎ 05 634331)*. Célèbre établissement occupant l'ancien palais du vizir du Sultan Moulay Hassan. Ravissant jardin andalou, grande piscine chauffée, hammam, et situation idéale à l'entrée de l'enceinte de la médina. Prix très élevés.

Hôtel Jnan Palace *(Avenue Ahmed Chaouki ☎ 05-652230)*. Nouvel hôtel de luxe construit dans le style du palais-hôtel.

Hôtel Batha *(Rue de l'Unesco ☎ 05-636437)* et **Hôtel Moussafir** *(Avenue des Almohades ☎ 05-651902) :* hôtels récents alliant bonnes prestations et prix modérés.

Grand Hôtel *(Bd Abdallah Chefchaouini ☎ 05-625511)*. Grand hôtel bon marché de style colonial, avec vue sur les jardins de la Place Mohammed V.

Marrakech

La Mamounia *(Avenue Bab el Jdid ☎ 04-448981)*. Un des meilleurs hôtels du monde. Cet ancien palais alaouite a accueilli de nombreuses célébrités, parmi lesquelles Winston Churchill et Yves Montand.

Palmeraie Golf Palace *(Avenue de France ☎ 04-448222)*. Hôtel de luxe. Golf 18 trous.

Hôtel Imilchil *(Avenue Echouhada ☎ 04-447653)*. Cet hôtel abordable avec piscine, jardin et air conditionné est très bien situé, tout près de la médina.

Taroudannt

La Gazelle d'Or *(Route de Amezgou ☎ 08-852039)*. L'hôtel le plus luxueux du Maroc.

Hôtel Palais Salam *(Route de Ouarzazate ☎ 08-852312)*. On a construit ce palais célèbre en l'intégrant aux murailles médiévales de la ville. Prix relativement élevés.

*Hôtel Palais Salam
à Taroudannt.*

Casablanca

Royal Mansour *(27, avenue des F.A.R.* ☎ *02-313011)*.
Célèbre point de repère dans Casablanca, construit
dans les années 1950, mais équipé de tout le
confort moderne.
Majestic *(55, bd Lalla Yacout* ☎ *02-446285)*. Hôtel
confortable. Prix modérés.
Hôtel du Palais *(68, rue Farhat Hachad
☎ 02-276191)*. Hôtel bon marché recherché.
Au centre-ville. Chambres spacieuses.

Meknès

Hôtel Rif *(Rue d'Accra* ☎ *05-522591)*. Hôtel
accueillant, qui n'a guère changé depuis les
années 1960. Bonnes prestations, piscine.

Tanger

Hôtel El Minzah *(85, rue de la Liberté*
☎ *09-935885).* L'un des grands hôtels marocains,
fréquenté par les hommes politiques et les
vedettes de cinéma.
Continental *(36, rue Dar Barhoud* ☎ *09-931024).*
Hôtel du 19ᵉ plein de caractère ; vue sur le port
de la terrasse.

Chefchaouèn

Casa Hassan *(22, rue Targui* ☎ *09-986153).*
Pension bon marché dans un palais reconverti.

Rabat

Hôtel Terminus *(384, avenue Mohammed V*
☎ *07-700616).* Bien situé, avec de bonnes
prestations dans la gamme moyenne de prix.

Essaouira

Villa Maroc *(10, rue Abdallah Ben Yassin*
☎ *04-473147).* Ravissant petit hôtel juste à l'entrée
des murailles de la ville.

Petit hôtel-restaurant dans les Gorges du Dadès.

CALENDRIER
DES MANIFESTATIONS

Les nombreuses fêtes religieuses du Maroc ou *moussems* offrent une occasion rêvée de voir les costumes et les danses et d'écouter la musique traditionnelle. La plupart des villes et beaucoup de villages organisent ces fêtes en l'honneur d'un saint homme local. Elles ont habituellement lieu en août ou septembre, après les moissons.

A l'occasion d'un moussem ou d'autres festivités, on organise parfois une **fantasia,** spectacle assez impressionnant. Dans un enclos traditionnellement réservé à cette « course », des cavaliers se lancent ensemble bride abattue, tirant en l'air au même moment avec leurs *moukkahlas* (vieux fusils) qu'ils brandissent ou font tournoyer au-dessus de leur tête, se succédant par vagues dans un nuage de poudre et de poussière.

Se renseigner sur place sur le programme des événements. La liste ci-dessous présente quelques-unes des grandes manifestations, mais il y en a de plus modestes qui sont tout aussi fascinantes.

Janvier : Marathon International de Marrakech.

Février : Fête des amandiers en fleur, Tafraoute.

Mars : Fête du Coton, Beni-Mellal.

Mai : Fête des roses, El-Kelaâ des Mgouna, vallée du Dadès.

Juin : Festival National du Folklore, Palais El Badi, Marrakech. Fête des cerises, Sefrou. Moussem, Asni, près de Marrakech. Moussem saharien à Tan-Tan. Moussem de Sidi M'Hamed Benamar, avec une foire aux chameaux, près de Guelmim. Moussem de Sidi Moussa, Casablanca.

Juillet : Fête du miel, Imouzzèr-des-Ida-Ouatatane. Fête de l'eau, Martil près de Tétouan.

Août : Festival International des Arts, Asilah. Moussem de Setti Fatma, Vallée de l'Ourika, près de Marrakech. Moussem de Dar Zhirou, Rabat.

A la Fête des Mariages d'Imilchil, fiancées voilées portant les parures traditionnelles.

Moussem de Moulay Abdellah, avec *fantasias*, près de El-Jadida. Festival de Musique Africaine, Tiznit. Festival d'acrobates, Sidi Ahmed ou Moussa.

Septembre : Festival National de la *Fantasia*, Meknès, une des plus grandes fêtes du Maroc. Festival des Arts Traditionnels, Fès. Moussem de Moulay Idriss II, Fès. Moussem de Sidi Ahmed Ou Moussa, Agadir. Moussem des fiancés, Imilchil. Grand Moussem de Moulay Idriss Ier, Moulay Idriss. Rencontre des Arts populaires africains, Agadir.

Octobre : Fête des Dattes, Erfoud. Festival de Musique, Essaouira.

Décembre : Fête des olives, Rhafsaï, dans le Rif.

LES PLAISIRS DE LA TABLE

Petit à petit, la cuisine marocaine s'est forgé une réputation internationale. Non seulement c'est une cuisine simple et variée, fondée sur des ingrédients de qualité, poulet, agneau, légumes frais, épices et l'incontournable couscous, mais c'est aussi un mode d'alimentation très sain.

Comme entrée, on aura la traditionnelle *harira*, délicieuse soupe épaisse et poivrée, composée de légumes secs, de légumes et de viande. Ou alors des *brochettes*, cubes d'agneau grillés présentés sur brochettes ; des *kefta*, boulettes d'agneau grillées avec de la coriandre et du cumin ; une *salade marocaine*, salade de tomates, poivrons, oignons et concombre ; ou des *briouats*, petits chaussons fourrés de viande, riz et amandes épicés.

Le plat principal ne conviendra guère aux végétariens. Le plus impressionnant est le *méchoui*, qui consiste à rôtir un agneau entier dans des fours en argile creusés dans le sol. On le sert accompagné de *khobza*, sorte de pain rond. Le *tajine* est un ragoût mijoté dans un plat en terre conique typique, assaisonné d'olives, de citrons ou de pruneaux. Les ingrédients varient. On utilise toute une gamme de viandes, poissons et légumes, mais le secret d'un bon *tajine* demeure sa très longue cuisson à feu doux. Plat national, le *couscous* est le repas traditionnel du vendredi dans les familles : on sert de la semoule avec un ragoût de mouton et de légumes. Pour respecter la tradition marocaine, on doit prendre le couscous avec la main droite et former une boulette de semoule, que l'on trempera dans la sauce. Spécialité de Fès, la *pastilla* est un mets particulièrement raffiné : il s'agit d'une fine pâte feuilletée fourrée d'un riche mélange de viande de pigeon, d'amandes et de cannelle, le tout recouvert de sucre glace.

Comme dans la plupart des pays arabes, le dessert marocain est surtout composé de pâtisseries. Le miel en est l'ingrédient de base. Les gâteaux sont en général très sucrés. Le plus célèbre est la corne de gazelle, petit croissant de pâte brisée fourré d'amandes et de miel. On trouve des versions sucrées des *briouats*. Les *griouches* sont des torsades de pâte au miel couvertes de graines de sésame.

Les boissons

Il est difficile d'éviter le **thé à la menthe** au Maroc. Partout, que ce soit dans les souks ou au pied d'une dune, les Marocains offrent des verres de ce breuvage vert fortement sucré. Le thé à la menthe est plus qu'un simple rafraîchissement : c'est un gage d'amitié ou une marque d'hospitalité. Le fait qu'il soit vert porte bonheur. Le vert est la couleur de l'Islam, et c'est aussi

Le fameux couscous marocain accompagné de thé à la menthe.

celle de la fertilité, bienfait très apprécié des Marocains. Le goût très sucré du breuvage symbolise l'amitié et les voeux de bonne santé exprimés par l'hôte. Il est bien vu d'en boire au moins trois verres pour ne pas faire offense à son hospitalité.

Bien que le Maroc soit un pays musulman, on y trouve un choix raisonnable de boissons alcoolisées. La plus courante est la **bière** Flag ou Stork brassée à Casablanca. Plus chère, la Flag Special est souvent décevante.

Ce sont les Romains qui ont introduit le noble art du vin au Maroc, dès l'époque de Juba II. Grâce aux améliorations apportées durant les occupations française et espagnole, les **vins** marocains se défendent honnêtement aujourd'hui. Les **cabernets** rouges sont les plus fiables. Le **Gris de Boulaouâne** rosé est bon frappé, et le **Blanc Spécial Coquillages** accompagne très bien le poisson.

Cafés et restaurants

Si l'on souhaite faire un repas marocain mémorable, il faut, dans les grandes villes, se rendre dans un des anciens palais reconvertis en restaurants. Le décor y est sublime, la nourriture sans pareille. L'addition sera à la hauteur.

Mais si l'on souhaite déguster le meilleur de la cuisine traditionnelle marocaine sans se ruiner, mieux vaut éviter les établissements ouvertement destinés aux touristes et essayer les restaurants fréquentés par les autochtones. Le décor ne sera sans doute pas aussi mirifique, mais la nourriture, l'atmosphère, et le bon rapport qualité/prix feront la différence.

Beaucoup de villages et bourgades n'ont pas de restaurant. Dans ce cas, il faut voir les cafés, ou demander aux habitants où déjeuner.

Au Maroc, la restauration rapide traditionnelle est excellente. Les stands de rue proposent tout un choix, soupes, viandes et poissons grillés, voire tête de chèvre ou testicules frits. Il vaut mieux faire preuve de modération les premiers jours, le temps que l'estomac s'accoutume à la cuisine et au climat différents. On n'oubliera pas que pendant le Ramadan de nombreux restaurants ferment du lever au coucher du soleil.

Le **café** est une institution au Maroc. Dans chaque petite ville, le café est le foyer de la vie sociale, du moins pour les hommes. Il fait partie de l'héritage colonial européen du pays. Les **Britanniques** ont introduit le thé dans les années 1800, et le café français a suivi au tournant du siècle. Aujourd'hui encore, les cafés des grandes villes ressemblent aux établissements français. On y sert espressos, jus d'orange, croissants. Beaucoup datent des années 1920 et sont devenus des institutions, comme à Tanger, où, à l'époque du gouvernement international, les espions côtoyaient les vedettes d'Hollywood, ou à Rabat, où hommes politiques et diplomates y discutent des dernières affaires.

Adresses recommandées
Tanger

Guitta's *(Avenue Sidi Mohammed Ben Abdallah* ☎ *09-937333)* Rendu célèbre dans les années 1920 comme haut lieu d'intrigues et de gastronomie, il mérite une visite plus pour son atmosphère que pour sa cuisine européenne assez chère.

Restaurant Africa *(83, rue Salaha Eddine El Ayoubi* ☎ *09-935436)* Restaurant traditionnel simple servant une bonne cuisine locale. Bon marché.

Café de France *(Place de France)* Le café le plus célèbre de Tanger à l'époque du gouvernement international.

Café Central *(Petit Socco)* Au cœur du Petit Socco, riche de son passé illicite.

Casablanca

A Ma Bretagne *(Aïn-Diab, Bd Sidi Abderrahmane* ☎ *02-362112)* Le restaurant français le plus célèbre du Maroc. Prix prohibitifs.

Restaurant de l'Étoile Marocaine *(107, rue Alla Ben Abdallah, derrière le marché,* ☎ *02-314100)* Dans un cadre traditionnel de céramique, coussins et plafonds de cèdre, excellente cuisine marocaine.

Fès

Dar Saada *(21, Souk Attarine* ☎ *05-634343)* Ancien palais somptueux, servant de la cuisine traditionnelle aux groupes. Déjeuner uniquement. Prix élevés.

Le Palais de Fès *(16, Boutouil Karaouiyne* ☎ *05-637305)* Magasin de tapis avec un café-restaurant à l'étage. Mérite le détour autant pour la vue sur Fès que pour la cuisine. Prix modérés.

Rabat

Le Goëland *(9, rue Moulay Ali Chérif* ☎ *07-768885)* Cuisine française et cadre élégant.

Le Fouquet's *(285, avenue Mohammed V* ☎ *07-768007)* Recettes françaises et marocaines, bon rapport qualité/prix. Prix modérés.

Pour goûter la cuisine marocaine dans un splendide décor traditionnel, opter pour les restaurants ouverts dans d'anciens palais.

Café à Agadir.

Café Maure *(Kasbah des Oudaïas)* Derrière le
Jardin andalou de la kasbah. Cadre agréable où
prendre un verre.

Marrakech
Le Jacaranda *(32, bd Mohammed Zektouni*
☎ *04-447215)* Cuisine française. Canard, huîtres
et poissons d'Essaouira. Prix modérés.
Restaurant Yacout *(Sidi Ahmed Soussi, à l'Est
de Jemaa-el-Fna* ☎ *04-440123)* L'un des restaurants
les plus chic de Marrakech, dans un ancien palais.
Prix très élevés.
Café Glacier et **Café de la Place** *(Côté Est de Jemaa-
el-Fna)* Pour le spectacle toujours changeant des
animations sur Jemaa-el-Fna.

Café Renaissance *(Avenue Mohammed V, Gueliz)* Au 9ᵉ étage, vue sur Marrakech.

Essaouira
Chalet de la Plage *(1, bd Mohammed V ☎ 04-472158)* Situé sur le front de mer, ce restaurant très fréquenté propose produits de la mer et plats régionaux.

Chez Sam *(Port de Pêche ☎ 04-473513)* Cet agréable restaurant se dissimule près du port de pêche. Crabes, homards, crevettes et toutes sortes de poissons.

Agadir
Le Miramar *(Bd Mohammed V ☎ 08-840770)* Ce restaurant italien propose en toute simplicité de bons plats de poissons et de pâtes. Prix modérés.

La Pergola *(Inezgane, 8 km Route d'Agadir ☎ 08-830841)*. Cuisine française, bon rapport qualité/prix. Prix modérés.

Ouarzazate
Chez Dimitri *(Avenue Mohammed V ☎ 04-882653)* Autrefois simple point d'eau fréquenté par la Légion étrangère. On y sert une cuisine française sans prétention. Prix modérés.

Kasbah de Tifoultoute *(A 8 km au Nord-Ouest du centre ☎ 04-882813)* Cet hôtel a hébergé autrefois les acteurs de Lawrence d'Arabie. Il propose aujourd'hui des plats traditionnels marocains aux groupes, avec des animations cabaret. Prix modérés.

SHOPPING

Celui qui souhaite acheter quelque chose dans les souks au Maroc doit s'attendre à marchander. Les prix sont rarement affichés, et le moindre achat se négocie. Ce système peut paraître exotique, voire embarrassant pour certains, mais, avec un peu d'entraînement, on peut se prendre au jeu.

Marchander n'est pas compliqué. Une fois l'objet repéré, on demande son prix. Le

Marchand de tapis dans les souks de Rabat.

marchand indique alors un montant excessif, souvent plusieurs fois ce qu'il souhaite obtenir. Il faut alors proposer une somme inférieure à celle que l'on a l'intention de dépenser. Le marchand baisse son prix, et ainsi de suite, jusqu'à trouver un accord sur un prix définitif. On trouvera peut-être plus simple de se faire accompagner par un guide pour les achats, mais le résultat sera plus coûteux : les guides perçoivent des commissions des boutiquiers chez lesquels ils conduisent les touristes, et leur montant se retrouve dans la somme finale.

Celui qui ne souhaite pas marchander peut visiter l'*ensemble artisanal* de la ville. C'est une série de boutiques qui affichent les prix officiels des articles (en moyenne plus élevés que dans les souks). Cela peut servir de référence pour le marchandage. Pour ce qui est des produits alimentaires, leurs prix sont fixés, et on ne les discute pas.

Beaucoup de visiteurs quittent le Maroc heureux propriétaires d'un tapis marocain. Pour faire une bonne affaire et trouver des articles de qualité, il y a quelques éléments à connaître. Tout d'abord, il existe trois types de tapis au Maroc : ceux de Rabat, en général les plus chers, sont ornés de motifs arabes et sont noués au nœud de Perse. Les tapis berbères, aux motifs saisissants et couleurs vives, proviennent des Moyen et Haut Atlas. Les *kilims* aux couleurs éclatantes, moins épais, sont tissés plutôt que noués.

Ensuite, avant d'entamer les négociations, cela vaut la peine de visiter l'*ensemble artisanal* géré par les autorités, afin d'avoir une idée des prix et de l'article que l'on va rechercher, l'objectif étant de débourser un peu moins que le prix officiel. Dans des ateliers comme la Coopérative des Tapis, à la Kasbah des Oudaïas à Rabat, on peut observer les artisans à l'œuvre.

Enfin on doit toujours vérifier le label officiel apposé sur le tapis. Ceux qui arborent une étiquette de couleur sont contrôlés par l'État : bleu pour un tapis noué de qualité supérieure, jaune orangé pour une bonne qualité, et vert pour une qualité moyenne.

Outre les tapis, il y a un vaste choix de beaux objets artisanaux. Bien avant d'aborder leurs

Dinandier gravant un plateau de cuivre.

échoppes, on entend les dinandiers frapper de leurs petits marteaux le **cuivre** et l'**étain**. Grands plateaux en cuivre ou petites théières argentées font de jolis souvenirs. La plupart des bijoux marocains associent argent et pierreries. Les plus remarquables sont les colliers et bracelets berbères, en métal lourd et pierres fines.

La **poterie** marocaine est idéale pour des souvenirs et des cadeaux, elle est simple, séduisante et bon marché. On voit souvent des stands le long des routes, avec leurs piles d'assiettes, de bols et de jarres. Plusieurs boutiques de Fès vendent la **poterie bleue traditionnelle de Fès**, plus chère et plus fragile.

Au Maroc les **objets en bois sculpté** sont en général d'un excellent rapport qualité/prix. La gamme s'étend des rustiques statuettes animalières du Moyen Atlas aux merveilleux plateaux, tasses, jeux d'échecs ou boîtes en thuya d'Essaouira.

Les **articles en cuir** font depuis longtemps la fierté de l'artisanat marocain. L'industrie du cuir est encore prospère aujourd'hui : vestes, poufs, babouches ou portefeuilles, généralement de bonne qualité, sont à des prix intéressants.

Il est difficile de trouver des **antiquités** authentiques au Maroc. Les imitations courant les rues, il vaut mieux s'intéresser aux créations plus récentes.

Guide d'achats

Le **souk** est l'endroit idéal pour acheter souvenirs et objets d'artisanat. Chaque ville, et chaque souk de la ville, a sa spécialité, et c'est là qu'on trouvera le choix le plus large et les meilleurs prix. **Rabat** offre une bonne entrée en matière, car l'ambiance de sa médina n'est pas trop chaotique. C'est le meilleur centre du pays pour les tapis. **Fès** est à retenir pour sa

*Maroquiniers
à Marrakech.*

poterie et ses articles en métal et en cuir.
A **Marrakech,** on cherchera plutôt tapis
berbères et épices. Plus au Nord, les souks
de **Tétouan** proposent des tissages originaux
du Rif. **Essaouira** arrive en tête pour les objets
en bois. Ses souks regorgent des merveilles
en thuya des artistes locaux.

Tanger
Galerie Tindouf *(64, rue de la Liberté)* antiquités
et curiosités. Parfumerie Maldini *(14, rue Sebou)*,
meilleur artisan parfumeur du Maroc.

Fès
Chez Benlamlih *(75 Talaa Kebira)* : beaux objets
en métal. Maroquinerie Industrielle de Fès *(Rue
802, Zone Industrielle Sidi Brahim)* : vente directe
d'usine d'articles en cuir.

Rabat
Rue des Consuls : magasins de tapis en enfilade.

Essaouira

La Galerie d'Art Frédéric Damguard *(Avenue Oqba Ibn Nafiaâ)* : tableaux et sculptures d'artistes marocains contemporains.
Galerie Mogador *(3, rue de Yémen)* : de jeunes créateurs y sculptent avec talent le bois de thuya.

Marrakech

La Porte d'or *(115, rue Souk Smarine)* : tapis berbères du Sud.

DISTRACTIONS ET VIE NOCTURNE

Dans les stations touristiques, la danse du ventre fait partie du répertoire classique.

La diversité culturelle marocaine se reflète dans l'éventail des distractions proposées. Comme dans de nombreux pays arabes, les distractions locales s'organisent autour de cafés et d'innombrables verres de thé à la menthe, du moins pour les hommes, car on voit rarement les femmes dans les cafés. Bien que le pays soit explicitement musulman, on trouve aussi facilement des bars. Les bars marocains sont plutôt réservés à une clientèle masculine, mais dans les grandes villes cosmopolites et les hôtels de standing ils sont généralement mixtes. La vie nocturne se concentre largement autour des zones touristiques et des hôtels de première catégorie, qui proposent souvent des soirées cabarets avec spectacle folklorique, danse du ventre *(shikat)*, musique, danses et chants traditionnels pendant le repas.

On peut assister à des soirées de théâtre, d'opéra et de musique classique à Rabat et Casablanca.

Parmi les spectacles inoubliables du Maroc, celui des bateleurs, que l'on voit dans les rues de la plupart des grandes villes. Le Maroc est sans doute la plus grande scène en plein air du monde. Le spectacle de la Place Jemaa-el-Fna de Marrakech, où se déchaînent acrobates, charmeurs de serpents, boxeurs, musiciens, joueurs de cartes et marchands ambulants, a gardé le caractère libre et spontané qu'il avait au Moyen Âge. Il faut savoir que ces bateleurs de rue, qui semblent se montrer en spectacle pour le plaisir, sont de vrais professionnels en représentation comme dans un théâtre, et que les personnes qui s'arrêtent pour les regarder doivent leur donner la pièce - à défaut de quoi la grande tradition des saltimbanques de rue est condamnée à disparaître.

HAMMAMS ET THERMALISME

Le *hammam*, ou bain public, est une tradition marocaine. Dans la médina, chaque quartier ou *derb* possède son hammam, dont l'eau est chauffée par les fours de la boulangerie voisine. Hommes et femmes se baignent séparément (les femmes généralement dans la journée, et les hommes le soir - vérifier les horaires sur place).

L'établissement traditionnel n'offre souvent guère plus que quelques baquets d'eau. Les plus grands proposent des bassins à différentes températures et des massages. Les ablutions font partie du rituel musulman, mais le hammam est aussi un bon moment de détente et de socialisation où l'on se retrouve entre amis après une dure journée de travail.

Les Romains ont découvert les premiers les vertus médicales des eaux thermales marocaines. Le thermalisme se concentre surtout dans le Moyen Atlas. La ville thermale la plus moderne est **Moulay-Yâcoub**, aux portes de Fès ; à 15 km à l'Est de cette ville se trouvent les établissements plus traditionnels de Sidi Harazem.

SPORTS ET LOISIRS

Habitant un pays à l'exceptionnelle beauté naturelle, les Marocains sont naturellement amateurs de sports de plein air. Le football les passionne autant que les Européens et les Sud-américains. Des rencontres ont lieu partout dans le pays. Qualifiée pour la finale de la Coupe du Monde en 1990 et 1994, l'équipe nationale est une des meilleures d'Afrique.

Le Maroc est en train de devenir destination privilégiée des golfeurs grâce à la passion du roi Hassan II pour ce sport. Toutes les régions du pays sont maintenant équipées de magnifiques terrains de golf, qui attirent amateurs et professionnels de niveau mondial. On peut jouer au tennis toute l'année au Maroc dans les grands hôtels et les villes importantes.

Le Maroc est le paradis des pêcheurs. En plus des 2 800 km de côte atlantique et des 530 km de littoral méditerranéen, le pays possède un nombre surprenant de lacs d'eau douce. Ses lacs et réservoirs riches en brochets, perches et sandres, attendent les pêcheurs à la ligne, notamment à l'Est d'Imouzzèr-du-Kandar, à Moulay Youssef (Est de Marrakech) et El Kansera (Ouest de Meknès). Le permis délivré par les bureaux du tourisme locaux est obligatoire. On n'a pas besoin de

Sur le putting green du Golf Royal Dar Es Salam de Rabat.

permis pour la pêche en haute mer. Pour les plus téméraires, les eaux côtières du Sahara occidental commencent à être connues pour la pêche au gros (thon ou même requin).

Les amoureux des oiseaux seront comblés. Au printemps et en automne, le Maroc est une étape sur les routes de migrations. De nombreuses espèces intéressantes y font leur nid, en particulier la cigogne blanche, oiseau national marocain. Les meilleurs endroits pour observer les oiseaux sont les lacs du Moyen Atlas et les vallées du Haut Atlas. Le littoral Nord est fréquenté par les migrateurs. Il y a une réserve ornithologique à Sidi Bourhaba, à 25 km au Nord de Rabat.

La campagne peu peuplée du Maroc attire des chasseurs du monde entier. Les réserves de chasse abritent sangliers, grouses et gibier à plume superbes. Elles sont habituellement gérées par des agences de voyages qui peuvent fournir des licences d'importation temporaires pour les fusils.

Un des pays les plus montagneux d'Afrique, le Maroc est idéal pour la randonnée. Tous les massifs, Haut Atlas, Moyen Atlas, Anti-Atlas et Rif ont des sentiers de randonnée bien entretenus. Dans le Haut Atlas la meilleure saison pour la randonnée va d'avril à octobre. La neige bloque beaucoup de routes en hiver. D'accès facile, le massif du Toubkal, au Sud de Marrakech, est la destination la plus fréquentée. Le mont Toubkal lui-même, plus haut sommet d'Afrique du Nord, est accessible aux randonneurs. Moins explorés, le plateau d'Azilal se trouve au Sud de Beni-Mellal, et la chaîne impressionnante des Ighil M'Goun, deuxième du Maroc, est accessible par Ouarzazate.

Plus à l'Est, le massif de Midelt, frangé de forêts de cèdres et encore peu connu, offre quelques-unes des plus belles randonnées du pays. A l'Ouest, le plateau calcaire qui s'étend

de Khenifra à Ifrane abrite des formations
rocheuses tourmentées, des forêts de cèdres
et de chênes peuplées de singes magots. A l'Est
se dresse le massif plus sauvage de Taza, avec
le Parc National du Tazzeka. Il est souvent
intéressant de prendre un guide pour les sentiers.
On peut aussi louer des mulets pour porter
les sacs. Attention, les guides ne travaillent
pas pendant le Ramadan.

On peut pratiquer d'autres activités sportives
dans les montagnes marocaines. Le VTT se
développe sur les pistes du Moyen et Haut
Atlas. On peut apporter son VTT ou en louer
un auprès des agences de Marrakech et Fès.
Chose surprenante, on peut faire du ski au
Maroc. La première station du pays est
Oukaïmeden dans le Haut Atlas, ouverte de
décembre à avril. Mischliffen, la deuxième, se
trouve au Moyen Atlas, et ouvre six semaines
l'hiver. On peut faire du ski hors piste dans
le Haut Atlas. Les skieurs font l'ascension
de sommets de 4 000 m accompagnés
de mulets qui portent les skis, puis dévalent
les pentes.

Beaucoup de nouvelles agences proposent
des circuits en 4x4 dans le désert et les
montagnes. Se renseigner auprès des agences
de voyages et des grands hôtels. Mais pour
aborder le désert, rien de plus traditionnel
que le chameau. De nombreux tour-opérateurs
organisent des circuits à dos de chameau en
bordure du Sahara pour explorer dunes et oasis,
qui durent de quelques heures à plusieurs jours.
Les deux bases principales de randonnée
chamelière sont dans les vallées du Drâa et
du Ziz. A Merzouga, près d'Erfoud, les hôtels
peuvent organiser des circuits jusqu'aux grandes
dunes de l'Erg Chebbi. Zagora, dans la vallée
du Drâa, arrange pour sa part des excursions aux
dunes de Tinfou. Des promenades plus tranquilles

à dos de chameau sont proposées sur la plage d'Agadir.

Ceux qui préfèrent le cheval ne seront pas déçus. Les chevaux font partie depuis longtemps des traditions marocaines. Des randonnées à cheval sont organisées dans l'Anti-Atlas et le Moyen Atlas ; on peut aussi simplement louer une monture avec un guide dans les hôtels. Des excursions à dos de mulet peuvent aussi s'organiser dans la plupart des villages de montagne. Elles se font au départ de Setti-Fatma, Ouirgane, et Imlil dans le Haut Atlas, Ifrane et Azrou dans le Moyen Atlas.

Voile, ski nautique, jet-ski, plongée sous-marine et parachute ascensionnel ne sont que quelques-uns des sports nautiques pratiqués le long de l'interminable côte marocaine. Le Maroc est le paradis des surfeurs et véliplanchistes, Agadir sa capitale des sports nautiques. Essaouira est réputée pour la planche à voile. Les surfeurs prisent les vagues de Taghazout, près d'Agadir, de Mehdiya, et de la Plage des Nations, près de Rabat. Les stations de la Méditerranée offrent des activités nautiques plus calmes.

Pause à la kasbah de Taourirt pendant une randonnée VTT dans le Haut Atlas.

DESTINATION MAROC

Avant de partir

Les ressortissants européens et canadiens n'ont pas besoin de visa pour un séjour au Maroc n'excédant pas 90 jours. Ils doivent être en possession d'un passeport valide au moins six mois suivant la date d'entrée dans le pays.

Jusqu'à 16 ans les enfants peuvent figurer sur le passeport de la personne qui les accompagne avec ajout obligatoire d'une photo d'identité.

Aucune vaccination n'est obligatoire pour les touristes en provenance d'Europe ou d'Amérique. Les voyageurs venant de régions touchées par le choléra peuvent être priés de présenter un certificat de vaccination anti-cholérique. Il est recommandé d'être à jour pour les vaccinations contre la poliomyélite, le tétanos et l'hépatite A, notamment pour les voyageurs indépendants circulant dans les zones rurales.

Comment s'y rendre

La plupart des vols internationaux pour le Maroc atterrissent à l'aéroport principal du Maroc, à Casablanca, mais il existe aussi des vols directs pour Rabat, Marrakech et Tanger. Les lignes intérieures desservent Agadir, Fès, Ouarzazate et Tanger. La compagnie nationale marocaine, la Royal Air Maroc (RAM), assure la plupart des vols réguliers en provenance des grandes villes d'Europe, d'Amérique du Nord et du Moyen-Orient. Un service régulier de trains relie l'aéroport de Casablanca aux villes de Rabat et Casablanca.

Les conducteurs souhaitant se rendre en voiture au Maroc doivent rejoindre Algésiras en Espagne. De là, un service régulier de car-ferries dessert Tanger (2 heures 1/2) et Ceuta (1 heure 1/2). Il y a aussi des ferries

pour Tanger au départ de Sète. La traversée dure 36 heures.

On peut se rendre au Maroc en train à partir de nombreuses villes européennes. Il est possible en partant de Paris, par exemple, de rejoindre Algésiras en 24 heures avec une correspondance à Madrid.

Avertissement

Le haschisch ou *kif* a beau être très largement répandu au Maroc, sa vente et sa consommation sont illégales. Face à l'insistance des dealers de rue, les voyageurs ne doivent pas se laisser persuader d'acheter de la drogue, appelée aussi « chocolat ». Il est déconseillé de s'attarder dans les principales zones de production du kif dans les montagnes du Rif. Les barrages de police y sont fréquents et les personnes trouvées en possession de drogue ne bénéficient d'aucune indulgence.

Après des kilomètres de paysages désertiques, une oasis est toujours un petit miracle.

A à Z

Accidents et pannes

Les accidents doivent être déclarés à la *Sûreté nationale,* police des routes. En cas de panne avec une voiture de location, l'agence devrait être en mesure d'apporter une aide : garder en permanence ses coordonnées sur soi.

Aéroports

Casablanca, aéroport Mohammed V : ☎ (02) 33 99 16

Rabat, aéroport de Rabat-Salé : ☎ (07) 78 83 81
Agadir, aéroport Al Massira : ☎ (08) 83 90 02/03
Fès, aéroport : ☎ (05) 62 47 12/62 43 00
Marrakech, aéroport de Marrakech-Ménara : ☎ (04) 44 78 62/44 79 03
Tanger, aéroport : ☎ (09) 93 57 20
voir aussi **Destination Maroc** *(p. 112)*

Ambassades et consulats

Les ambassades étrangères se trouvent à Rabat aux adresses suivantes :
France : 3, rue Sahnoun, Agdal, Rabat. ☎ 07-77 78 22.
Canada : 13 bis, rue Jaâfar as-Sadik, Rabat. ☎ 07-67 28 80.
Belgique : 6, avenue de Marrakech, Rabat. ☎ 07 76 47 46.
Suisse : Square de Berkane, Rabat. ☎ 07 70 69 74.
Ces pays disposent également de consulats à Agadir, Casablanca, Fès, Marrakech et Tanger.

Voiliers sur la plage d'Agadir.

Consulats de France : *à Agadir,* boulevard Mohamed Saâdi, ☎ (08) 84 08 26 ; *à Fès,* avenue Abou Obeida Bnou El Jarrah, ☎ (05) 62 55 47 ; *à Marrakech* : rue Ibn Khaldoun, ☎ (04) 44 40 06.

Argent

L'unité monétaire officielle du Maroc est le *dirham* (DH), qui se divise en 100 *centimes.* Il y a des billets de 10, 50, 100 et 200 *dirhams,* des pièces de 1 et 5 *dirhams* et de 5, 10, 20 et 50 centimes. On peut trouver des prix affichés en *rials* dans les souks : c'est une monnaie populaire (un peu comme les anciens *sous* français). Un *rial* vaut un vingtième de *dirham.*

On ne peut acheter des *dirhams* qu'au Maroc, ils ne sont pas échangés en dehors du pays. Quand on change des devises en *dirhams,* on obtient un reçu, qu'on doit conserver pour pouvoir reconvertir à nouveau l'argent à la fin du séjour.

On changera l'argent ou les traveller's chèques dans les banques, grands hôtels ou bureaux de change officiels. Le taux de change étant fixé par le gouvernement, il varie très peu d'un endroit à un autre. Ne jamais changer d'argent dans la rue, c'est interdit par la loi.

Les cartes de crédit sont très largement acceptées dans les grands hôtels et de nombreux restaurants, mais pour marchander l'argent liquide est manifestement préférable.

Les cartes de crédit internationales permettent de retirer de l'argent aux distributeurs automatiques de billets. *Voir aussi* **Banques.**

Auberges de jeunesse

Il en existe à Azrou, Casablanca, Fès, Ifrane, Marrakech, Meknès et Rabat. Elles sont ouvertes aux jeunes affiliés à l'Association internationale des Auberges de jeunesse. Renseignements auprès de la Fédération royale marocaine des auberges de jeunesse, 6, place Amiral-Philibert, Casablanca, ☎ (2) 22 05 51.

Banques

Les banques ouvrent en général du lundi au vendredi de 8 h à 11 h 30 et de 14 h à 16 h. Le taux de change étant fixé par le gouvernement, il y a peu de concurrence entre les banques. Les agences des grandes villes disposent de distributeurs automatiques de billets où on peut retirer de l'argent avec une carte internationale.

Bibliographie

Les Voix de Marrakech d'Élias Canetti, roman contant la vie des juifs dans le Mellah de Marrakech, est l'un des ouvrages les plus fascinants sur le Maroc *(Albin-*

Michel, *biblio-poche 1967*). On goûtera aussi *La Nuit sacrée*, de Tahar Ben Jelloun, histoire à l'atmosphère poétique et cruelle (*Le Seuil, points-romans 1987*). Paul Bowles a inspiré les écrivains de la « beat generation » avec *Après toi le déluge*, qui baigne dans l'atmosphère trouble du Tanger des années 1930 (*L'Imaginaire, Gallimard 1955*). Certains trouveront captivante la lecture de *Mémoires d'un roi* de S. M. Hassan II et Éric Laurent (*Plon, 1993*).

Bureaux d'Information Touristique

Délégations de l'Office National du Tourisme Marocain à l'étranger :

France : Office du Tourisme Marocain, 161, rue Saint-Honoré, 75001 Paris.
☎ 01 42 60 47 24 & 63 50.

Canada : 2001, rue Université, Suite 1460, Montréal, Québec H3A 2A6 ☎ 514-842 8111.

Belgique : Rue du Marché-aux-Herbes, 66, Bruxelles 1000 ☎ 02 512 21 82.

Suisse : Office du Tourisme Marocain, Schifflande, 5, 80001 Zurich. ☎ 252 77 52.

Au Maroc, il existe une Délégation régionale du Tourisme et/ou un Syndicat d'initiative dans la plupart des villes marocaines.

Bus *voir* **Transports**

Camping

Le camping et le caravaning peuvent se pratiquer dans tout le pays. Il y a plus de 80 terrains officiels dans les endroits les plus fréquentés des touristes. Beaucoup sont aux abords des plages de la côte atlantique. Tous sont à des prix très modérés en comparaison des tarifs européens. Toutefois, les équipements sont parfois rudimentaires. L'Office National Marocain du Tourisme fournit des listes de campings.

Cartes

Si l'on souhaite visiter le Maroc en voiture, la carte Michelin N° 959 permet de préparer son voyage. Le *Guide Vert Michelin Maroc* rassemble tous les renseignements sur les villes, monuments et curiosités du pays, avec des cartes, plans de ville et informations détaillés.

Conduire au Maroc

Les routes sont bonnes en général, mais il vaut mieux ne pas rouler trop vite car la largeur de certaines routes asphaltées ne permet pas toujours à deux véhicules de se croiser sans que l'un des deux ait à rouler sur le bas-côté non stabilisé. Il faut se méfier des enfants, des motocyclistes, des bourricots et des carrioles à cheval, qui ne respectent guère le code de la route ! Les véhicules venant de la droite ont la priorité. Les ceintures de sécurité sont obligatoires à l'avant et à l'arrière du véhicule.

Éviter de rouler de nuit.

En ville, prenez garde aux piétons qui marchent souvent sur la chaussée, aux cyclistes et aux carrioles qui prennent toutes sortes de libertés avec les stops et les feux rouges !

Les voyageurs qui conduisent leur propre véhicule doivent être munis de leur permis de conduire, d'une carte verte internationale et de la carte grise de la voiture. Les limitations de vitesse sont les suivantes :

Autoroutes : 120 km/h.

Zones bâties : 40-60 km/h.

Autres routes : 100 km/h.

Les panneaux routiers sont écrits en arabe et en français. Dans la plupart des villes et villages, le parking est surveillé par des gardiens contre une rémunération variable de quelques *dirhams*. En échange, ils garderont l'œil sur le véhicule et nettoieront peut-être le pare-brise.

On trouve facilement de l'essence sur les routes principales, mais quand on s'en éloigne il vaut mieux faire le plein à la première occasion. L'essence sans plomb peut être difficile à trouver en dehors des grandes villes.

Consulats *voir* **Ambassades**

Courant électrique

Tous les bâtiments récents sont équipés en 220 V, mais les plus anciens ont parfois toujours le 110 V. Les prises sont rondes, avec deux broches.

Décalage horaire

Le Maroc est à l'heure GMT toute l'année. Il est en retard de deux heures sur la France en été, et d'une heure en hiver.

Délinquance

Comme partout, il est nécessaire de prendre quelques précautions de bon sens contre la petite délinquance :

Avoir le moins possible d'argent et de cartes de crédit sur soi. Laisser les objets de valeur dans le coffre de l'hôtel.

Ranger portefeuille et porte-monnaie dans des poches intérieures ou une ceinture spéciale. Porter les sacs en bandoulière, ou serrés sous le bras.

Les voitures sont une cible de choix. Ne jamais les laisser ouvertes. Cacher, ou, mieux encore, emporter tout objet de valeur.

Se méfier des trafiquants de drogue et ne jamais accepter de transporter les bagages d'une tierce personne. Les sacs ne doivent jamais rester sans surveillance, en particulier dans les aéroports.

Douanes

On peut emporter sans restriction ses objets personnels au Maroc. Mais on n'a droit qu'à une bouteille de vin ou de spiritueux par adulte, et 200 cigarettes ou 50 cigares de 250 g.

L'équipement professionnel photo et les armes et munitions de chasse sont aussi réglementés (les fusils à canon rayé sont interdits).

Les *Dirhams* ne peuvent se changer qu'au Maroc (*voir* **Argent**).

L'importation, en France, des tapis de laine à points noués n'est pas contingentée. Ceux-ci bénéficient de la franchise des droits de douane à condition qu'ils soient estampillés et accompagnés du certificat de circulation EUR 1 qui tient lieu de certificat d'origine. Toutefois, à leur entrée en France, les tapis sont passibles de 20,6% de T.V.A.

Eau

Il est recommandé de ne jamais boire (ou se laver les dents avec) de l'eau qui ne soit ni en bouteille ni bouillie. Se méfier des glaçons qui sont faits avec l'eau du robinet.

Avant de se baigner dans un lac ou un oued, se renseigner auparavant, car la bilharziose est courante notamment dans le Sud.

Certaines années, du fait de la sécheresse, des villes, même importantes, peuvent souffrir d'une pénurie d'eau entraînant dans les hôtels quelques désagréments au niveau des sanitaires ; soyez compréhensifs et ne gaspillez pas ce bien des plus précieux que constitue l'eau.

Enfants

Les familles qui visitent le Maroc choisissent plutôt les stations de la côte que les villes de l'intérieur. Les plages de la Méditerranée sont plus sûres pour les enfants (*voir* **Plages**). De nombreux hôtels de stations balnéaires offrent des prestations adaptées aux enfants. Des activités de plage variées sont proposées. Certains des hôtels les plus importants ont un service de baby-sitting, les autres feront leur possible pour rendre ce service.

Les rues animées et les souks bruyants des grandes villes ne conviendront pas aux plus petits, mais les *calèches* de Marrakech offrent un bon compromis ; discuter le prix à l'avance. En montagne ou sur la plage, les promenades à dos de chameau ou de mulet raviront les plus grands.

Les pharmacies des grandes villes sont bien approvisionnées en marques européennes de produits pour bébés.

Excursions

Quand on visite une ville marocaine, on commence généralement par la vieille ville ou *médina* qu'on découvre à pied. Les touristes seront abordés par de nombreux «guides» présumés réclamant tous leur attention, y compris des enfants. Si on en choisit un, le prix de la visite est à débattre au préalable. Il est préférable de s'adresser aux guides officiels du Ministère Marocain du Tourisme, reconnaissables à leurs badge et à leur uniforme. On les trouve devant les grands hôtels et délégations régionales du Tourisme Marocain.

Agences de voyages et grands hôtels peuvent fournir des renseignements sur les visites et excursions.

Handicapés

Il y a peu d'équipements adaptés aux visiteurs handicapés, et de nombreux endroits comme les souks bondés seront difficilement praticables. Mais certains des hôtels modernes les plus chers disposent de bons équipements pour personnes handicapées, notamment des ascenseurs.

L'Office National Marocain du Tourisme et les agences de voyages peuvent fournir des informations à ce sujet.

Musicien traditionnel.

Horaires

En règle générale les magasins ouvrent de 8 h 30 à 12 h et 14 h 30 à 19 h. Les magasins d'alimentation restent ouverts jusqu'à 20 h-21 h. En dehors de la médina, les boutiques sont souvent fermées le samedi, le dimanche, et pendant les grandes fêtes religieuses. Les souks sont fermés les jours fériés, mais ouvrent le dimanche. Le vendredi, jour de l'assemblée religieuse, de nombreux magasins peuvent être fermés et il y a moins d'échanges, mais les grandes zones touristiques n'en sont guère affectées.

Bureaux : ouverts du lundi au jeudi, de 8 h 30 à 12 h et 14 h à

16 h 30. Le vendredi de 8 h 30 à 11 h et de 15 h à 18 h 30.

Musées : ouverts habituellement tous les jours sauf les après-midi du jeudi et du vendredi. Les horaires varient. Ils sont en moyenne ouverts de 8 h 30 à 11 h 30 et de 14 h 15 à 16 h 30.

Pendant le mois sacré du Ramadan, il faut tenir compte des modifications apportées à la vie quotidienne : les horaires d'ouverture des magasins, monuments, et musées sont en général réduits, surtout dans les petites villes, de même que les services de trains et de bus. L'activité commerciale a tendance à se décaler de la journée vers la soirée. Beaucoup de boutiques ouvrent tard dans la nuit. *Voir aussi* **Banques** *et* **Poste**.

Information

voir **Bureaux d'Information Touristique**

Jours fériés

Jour de l'An : 1er janvier
Manifeste de l'Istiqlal (Indépendance) : 11 janvier
Fête du Trône : 3 mars
Fête du Travail : 1er mai
Fête Nationale : 23 mai
Fête de la Jeunesse : 9 juillet
Réunification Oued Eddahab : 14 août
Anniversaire de la révolution, du Roi et du Peuple : 20 août

Anniversaire de la Marche Verte : 6 novembre
Fête de l'Indépendance : 18 novembre.

Fêtes religieuses :

Aïd es Seghir : marque la fin des quatre semaines du Ramadan.
Aïd el Kebir : commémore le sacrifice d'Abraham.
Le 1er Moharram : Nouvel An Musulman
Mouloud : célébration de la naissance du Prophète Mahomet.

Langue

La langue officielle du Maroc est l'arabe, mais la majorité des Marocains parle français, du moins dans les villes. Beaucoup, surtout dans le Nord, parlent espagnol ou anglais. L'arabe dialectal, très répandu, est assez éloigné de l'arabe classique écrit. Personne ne s'attend à ce qu'un visiteur connaisse l'arabe, mais dire quelques mots sera apprécié. Voici quelques expressions utiles :

Bonjour	El-salaam aleïkoum
Salut	Labès
Au revoir	Besslama
S'il vous plaît	Min fadlak
Merci	Choukrane
Oui	N'am
Non	La
Combien ?	Ach hal ?
Trop cher	Ghali Zaf
Où... ?	Faïn kaïn... ?

Laverie et pressing

Il n'y a pas de laveries automatiques au Maroc, mais la question se résout facilement car presque tous les hôtels, même modestes, proposent un service de blanchisserie.

Location de voitures

L'âge minimum requis pour louer une voiture est 21 ans. Il y a parfois un supplément à régler pour les moins de 25 ans. Le conducteur doit être en possession d'un permis de conduire de plus d'un an. La plupart des agences internationales de location de voitures sont représentées au Maroc, et on trouve aussi un certain nombre d'agences locales. Il n'est pas obligatoire mais vivement recommandé de souscrire une assurance tous risques. Avant le départ, vérifier le bon état des pneus, roue de secours y compris, ainsi que les freins et les phares.

Si vous prévoyez de vous rendre à **Ceuta** ou **Melilla** au cours de votre escapade au Maroc, sachez que le passage des véhicules de location n'est pas autorisé à la frontière, ces deux villes étant territoires espagnols.

Photographies

On trouve facilement les grandes marques de pellicules dans les villes et stations touristiques marocaines. Beaucoup de magasins de photo proposent un service de

Grues sur le port de Tanger.

développement en 24 h ou moins. Choisir des pellicules adaptées à la forte lumière marocaine.

Films et appareils photos doivent être conservés à l'abri des fortes chaleurs et du soleil direct. Veiller à ce que la poussière et le sable ne s'infiltrent pas à l'intérieur.

En dehors des zones touristiques, si l'on souhaite prendre des personnes en photo, on doit toujours leur en demander l'autorisation et ne pas insister en cas de refus. Les bateleurs et marchands ambulants se laissent photographier en échange d'un petit pourboire. Lors de la visite de musées et de monuments, vérifier s'il est autorisé de prendre des photos.

Plages

Les plages de la côte méditerranéenne sont plus abritées et beaucoup plus sûres pour la baignade que celles de l'Atlantique, où il y a des courants puissants et de bons vents. Ne se baigner que sur les plages recommandées. Cela dit, l'Atlantique offre de superbes étendues de sable et des conditions remarquables pour le surf et la planche à voile. Agadir et Essaouira sont d'excellentes stations pour les sports nautiques. On pratique beaucoup la voile en Méditerranée, en particulier autour de Al Hoceima. Le naturisme n'est pas autorisé sur les plages publiques.

Police

Il y a deux polices au Maroc, la police civile ou *sûreté nationale*, et la police militaire ou *gendarmerie*. Responsables de la police touristique, les membres de la *sûreté nationale* portent des uniformes gris à ceinture blanche et des casquettes blanches. Le numéro d'urgence est le **19**. Il y a un poste de police dans la plupart des villes.

Poste

Les bureaux de poste (PTT) ouvrent du lundi au vendredi de 8 h 30 à 11 h 45 et de 14 h 30 à 18 h 30. Ils sont ouverts toute la journée dans les grandes villes.

Le courrier en poste restante doit être adressé au bureau de poste principal de la ville la plus proche.

Si l'attente ne fait pas peur, on peut acheter des timbres à la poste, sinon dans les bureaux de tabac, les boutiques pour touristes et aux réceptions des hôtels.

Pourboires

Il est bon d'avoir toujours de la petite monnaie en poche : guides, serveurs, portiers, pompistes et gardiens de parking (*voir* **Conduite automobile**) s'attendent toujours à un pourboire. Les notes d'hôtel et de restaurants comprennent le service, mais les serveurs s'attendent à un pourboire (5 à 10% de l'addition). En revanche, les chauffeurs de taxi n'en demandent pas si le prix de la course a été débattu à l'avance. Les visiteurs sollicités par les enfants doivent éviter de leur donner trop facilement des *dirhams*, sous peine de se retrouver suivis d'une meute de quémandeurs.

Presse

On trouve partout des quotidiens en français. Les publications locales comprennent *le Matin du Sahara* et *l'Opinion*.

Réclamations

Il faut toujours essayer de régler

les problèmes d'abord avec le directeur de l'établissement. En cas d'échec, on doit vous apporter le registre des réclamations : la loi requiert que chaque hôtel ou restaurant en ait un. Si la réclamation ne donne aucun résultat, prendre conseil au bureau du tourisme le plus proche.

Pour éviter les désagréments dus aux malentendus, toujours négocier les prix au préalable, notamment avec les chauffeurs de taxi et les guides.

Religion

L'Islam est la religion officielle du Maroc, mais il existe un certain nombre d'églises catholiques. On trouve aussi des synagogues dans les grandes villes.

Santé

Les visiteurs ne bénéficient pas de soins de santé gratuits au Maroc. Ils doivent souscrire une assurance médicale complète avant le voyage. Pour éviter les troubles digestifs, ne boire que de l'eau bouillie ou en bouteille, même pour se brosser les dents. Attention aux glaçons. Se méfier des salades, à moins d'être certain qu'elles aient été lavées à l'eau pure, et des fruits, à moins de les peler soi-même. Attention aussi à la restauration de rue.

Il est prudent de se munir d'une trousse de secours

contenant des comprimés contre la diarrhée, des pastilles pour purifier l'eau, un désinfectant et une crème solaire (même en hiver). Cela dit, les pharmacies marocaines vendent la plupart des médicaments européens.

Savoir-vivre

Comme toujours lorsqu'on visite un pays étranger, il est important de s'informer des coutumes locales et de les respecter. Les Marocains sont par tradition accueillants et amicaux.

En général, à quelques exceptions près, l'accès des mosquées et autres lieux saints est interdit aux non-musulmans.

En dehors de la plage il est

important d'avoir une tenue correcte. Épaules, bras et jambes doivent rester couverts. Cela s'applique particulièrement aux femmes, ces précautions leur permettront d'éviter des attentions indésirables.

Si on souhaite prendre un Marocain en photo, on doit lui en faire la demande, sans insister.

Pendant le mois du Ramadan, il est bon de se faire discret pour manger, boire ou fumer durant les heures du jour, car les musulmans s'en privent du lever au coucher du soleil.

L'offrande de thé à la menthe est un geste d'hospitalité que l'on doit accepter avec courtoisie.

Tabac

Au Maroc, on peut fumer pratiquement partout et n'importe quand. Mais c'est un des plaisirs dont se dispensent les musulmans au cours du mois du Ramadan : pendant cette période les visiteurs

devraient éviter de fumer en public durant la journée.

Tapis

La valeur d'un tapis dépend de sa région de production, de son ancienneté, des coloris d'origine végétale, du nombre d'heures passées à nouer les brins de laine et de leur nombre au mètre carré dont résulte la finesse du dessin. Le format du tapis n'a pas toujours de rapport avec le prix.

À titre indicatif (car les prix sont libres), un tapis de Rabat (dimensions moyennes de l'ordre de 3 m × 2 m), de qualité supérieure, vaut de 450 à 600 DH au m^2, et de qualité extra-supérieure, de 900 à 1 400 DH au m^2. Un tapis du Haut Atlas de mêmes dimensions et de qualité courante, vaut de 350 à 500 DH au m^2. Un tapis du Moyen Atlas, entièrement en laine, dimensions moyennes 2 m x 1,50, de qualité supérieure, coûte entre 300 et 400 DH au m^2.

Téléphone

On peut téléphoner des cabines dans les bureaux de poste, et régler la communication au guichet, ou bien des cabines extérieures à pièces ou à carte. Les cartes sont en vente dans les bureaux de Poste et certains bureaux de tabac et kiosques à journaux.

Téléphoner de l'hôtel est

commode mais très coûteux.

Pour appeler l'international, composer le 00, suivi du code du pays et du numéro du correspondant.

Codes de pays : **France :** 33, **Belgique :** 32, **Canada :** 1, **Suisse :** 41.

Pour téléphoner dans la même zone au Maroc, composer le numéro à six chiffres.

D'une zone à une autre, composer le code de la zone à deux chiffres (02 à 09) : zone de Casablanca : **02**, Settat : **03**, Marrakech : **04**, Fès : **05**, Oujda : **06**, Rabat : **07**, Laâyoune : **08**, Tanger : **09**.

Renseignements internationaux ☎ 12

Renseignements ☎ 16

État des routes : ☎ (07) 71 17 17.

Télévision et radio

Les grands hôtels, et les plus chers, reçoivent généralement la télévision par satellite. Les chaînes locales diffusent des émissions en arabe, mais les nouvelles sont en français, ainsi que d'autres programmes.

La radio diffuse de nombreuses émissions en langue française. On peut capter les radios françaises, mais le son n'est pas toujours bon.

Toilettes

Sauf dans les hôtels et restaurants modernes, au Maroc les toilettes ne répondent guère aux normes occidentales. Il s'agit souvent de variations sur les WC à la turque. Le papier n'est pas fourni. La chaleur et la rareté de l'eau n'arrangent pas les choses.

Transports

La RAM propose des vols intérieurs à destination de la plupart des grandes villes. On peut faire des réservations dans ses bureaux, qu'on trouve dans toutes les villes importantes. Les prix étant assez intéressants, l'avion est une solution à envisager pour les longues distances.

Le réseau ferré marocain se concentre dans le Nord du pays et sa couverture est loin d'être complète, mais il propose des trains express rapides et confortables, avec l'air conditionné. Il y a deux classes. Certaines villes moyennes ne sont pas desservies, mais l'ONCF organise des correspondances en autocar. Informations au ☎ 07-774747.

L'autocar est un moyen de transport populaire au Maroc, il vaut mieux réserver ses places. La CTM, première compagnie, offre un service de cars confortables avec air conditionné ☎ 02-448127. Il y a plusieurs petites compagnies privées, mais elles sont moins fiables.

Dans les centres urbains, les *petits taxis* sont fiables et bon marché (3 personnes maximum).

Ils sont de couleur différente pour chaque ville : rouges à Casablanca, bleus à Rabat etc. Ils peuvent prendre d'autres passagers allant dans la même direction. En principe ils ont un compteur, mais s'il ne fonctionne pas, le prix de la course est à débattre avant de partir.

Les *grands taxis* desservent banlieues et villes voisines. A moins que l'on accepte de payer les places vides, le chauffeur attendra que son taxi soit plein (six personnes maximum).

Urgences
- Police : 19
- Pompiers : 15
- Secours routier : 177

Vaccinations
Pour le Maroc aucune vaccination n'est normalement exigée. Cependant, il est conseillé de se renseigner avant le départ auprès de Pasteur Mérieux Sérums et Vaccins, 3, avenue Pasteur, 92430 Marnes-la-Coquette, ☎ 01 47 41 79 22, ou au Centre de vaccination des Invalides, 2, rue Robert-Esnault-Pelterie, 75007 Paris,

☎ 01 43 20 13 50, ou sur minitel 3615 code AF (Air France fournissant toutes les informations provenant des publications officielles concernant la santé).

Vêtements
L'équipement à prévoir dépendra de la région visitée, Nord ou Sud, côte ou montagnes (*voir au chapitre* **VIVRE** *la rubrique* **CLIMAT**). Les vêtements en coton léger sont parfaits pour la chaleur, mais il faut garder à l'esprit que les soirées peuvent être fraîches. Dans le désert, il y a parfois des différences de température énormes entre le jour et la nuit. En dehors des plages, les visiteurs sont priés de porter une tenue correcte.

Si vous avez l'intention d'entreprendre une randonnée chamelière de plusieurs jours, avec bivouac sous la tente ou nuit à la belle étoile, prévoyez d'emporter un sac de couchage. D'autre part, l'usage d'un *chèche* (turban) - bien plus pratique qu'un chapeau qui s'envole et qui protège à la fois de la chaleur et de la poussière est hautement recommandé.

INDEX

INDEX